In unseren Veröffentlichungen bemühen wir uns, die Inhalte so zu formulieren, dass sie allen Menschen gerecht werden, dass sich alle Geschlechter angesprochen fühlen, wo alle gemeint sind, oder dass ein Geschlecht spezifisch genannt wird. Nicht immer gelingt dies auf eine Weise, dass der Text gut lesbar und leicht verständlich bleibt. In diesen Fällen geben wir der Lesbarkeit und Verständlichkeit des Textes den Vorrang. Dies ist ausdrücklich keine Benachteiligung einzelner Geschlechter.

Für in diesem Titel enthaltene Links auf Websites/Webangebote Dritter übernehmen wir keine Haftung, da wir uns deren Inhalt nicht zu eigen machen, sondern sie lediglich Verweise auf den Inhalt darstellen. Die Verweise beziehen sich auf den Inhalt zum Zeitpunkt des letzten Zugriffs: 20.02.2023.

Dieser Titel ist in Zusammenarbeit mit der CVJM-Hochschule (www.cvjm-hochschule.de), dem CVJM-Landesverband Baden e. V. (www.cvjmbaden.de), dem CVJM-Landesverband Württemberg e. V. (www.cvjm-wuerttemberg.de) und dem Evangelischen Jugendwerk in Württemberg (www.ejwue.de) entstanden.

Die Herstellung dieser Arbeitshilfe wurde gefördert aus Mitteln des Kommunalverbandes für Jugend und Soziales Baden-Württemberg (KVJS).

Impressum

© 1. Auflage 2023
Praxisverlag buch+musik bm gGmbH, Stuttgart 2023
Printed in Germany. All rights reserved.

ISBN Buch 978-3-86687-359-9
ISBN E-Book 978-3-86687-360-5

Lektorat: Punkt.Landung, Mirja Wagner, Marburg
Covergestaltung: buch+musik – Daniela Buess, Stuttgart
Umschlaggestaltung, Satz Downloads: buch+musik – Toby Wolf, Stuttgart
Satzprogrammierung: X1-Publishing, Stuttgart
Bildrechte Umschlag, Inhalt: iStock: asmakar, chronicler101, DamienGeso
Bildrechte Autorenfotos: bei den Autorinnen und Autoren; Büchert: Peter Kögler, Tübingen; Haubold: Jason Liesendahl, Offenbach a. M.; Niekler: CVJM-Westbund e. V., Wuppertal; Thys: Philipp Dickreuter, Ammerbuch; Wagener: Viviana Pardes, Stuttgart; Wichern: Anna Voelske, Butzbach
Druck und Gesamtherstellung: Gutenberg Beuys Feindruckerei GmbH, Langenhagen

www.praxisverlag-bm.de

Björn Büchert | Katharina Haubold | Jan Schickle (Hg.)

GLAUBE FÄLLT [NICHT] VOM HIMMEL

Entdeckungsreise zwischen Biografie und Theologie

THEO LAB
Workbook

buch+musik

Inhaltsverzeichnis

Entdeckungsreise zwischen Theologie und Biografie

„Wie kommt es, dass du an Gott glaubst?" ist eine Frage, die in christlichen Gruppen immer wieder zum Austausch anregt. Vielleicht klingt sie auch ein bisschen anders: „Wie bist du zum Glauben an Jesus gekommen?" Oder: „Wie kommt es, dass du glaubst, was du glaubst?" Meist werden als Antwort Geschichten erzählt. Davon, wie man in Familien oder bei Menschen aufgewachsen ist, in denen der christliche Glaube eine große Rolle gespielt hat. Wie man Gottesdienste, Kinder- und Jugendgruppen besucht hat, wie beim Zubettgehen gebetet wurde. Manche berichten von einschneidenden Erlebnissen, die ihr bisheriges Denken oder ihren bisherigen Glauben auf den Kopf gestellt haben, wie z. B. Jugendfreizeiten oder Auslandsaufenthalte. Es wird davon erzählt, wie man sich Gott als Kind vorgestellt und wie sich das Bild mit den Jahren verändert hat. Es wird von Lebensentscheidungen erzählt, die aufgrund des eigenen Glaubens an Gott getroffen wurden, und es wird von Lebensentscheidungen und -ereignissen erzählt, die den eigenen Glauben an Gott begründet, geformt und verändert haben.

Glaube fällt [nicht] vom Himmel

„Theologie ist Biografie" sagen deshalb einige und betonen damit, dass theologische Überzeugungen nicht lediglich auf biblischen oder abstrakten Begründungen beruhen, sondern auch darauf, wie ein Mensch (theologisch) geprägt worden ist, wo und wie er glauben gelernt hat und durch welche „Brille" er biblische Geschichten und Aussagen sowie Gott sieht. Gleichzeitig sind Theologie und Biografie nicht identisch.

Darum sagen wir: Theologie und Biografie sind untrennbar miteinander verwoben. Es ist sehr wahrscheinlich, dass wir anders glauben würden, wenn wir in anderen Familien groß geworden wären oder in der gleichen Familie, aber in einer anderen Kultur oder zu einer anderen Zeit. Vermutlich würden wir Gott anders sehen, wenn wir bestimmten Menschen in unserem Leben nicht oder zu anderen Zeiten begegnet wären. Oder wenn wir manche weichenstellende Entscheidung anders getroffen hätten.

Glaube fällt insofern nicht vom Himmel. Er ist nicht einfach da, unabhängig von Lebensumständen und -erfahrungen. Er ist durchzogen von Spuren anderer Menschen und von Zusammenhängen, die für das eigene Werden und die eigene Persönlichkeit entscheidend waren und sind. Gleichzeitig fällt Glaube doch vom Himmel, insofern, als dass Menschen ihn nicht „machen" können, sondern er ein Geschenk Gottes ist. Der Heilige Geist wirkt den Glauben an Jesus Christus. Diese Spannung drückt nicht nur der Titel dieses Workbooks aus, sondern auch die Inhalte und Tools wurden durch sie geprägt.

Als Menschen empfangen wir den Glauben als Geschenk, das sich durch die Geschichte unseres Lebens entfaltet. Das bedeutet, dass man seine eigene Theologie genauso wenig losgelöst von seiner Biografie verstehen kann wie die Theologie anderer. Gerade im theologischen Austausch, im Ringen um unser Verständnis von Wahrheit, aber auch in den Umbruchphasen eigener Überzeugungen erleben wir es deshalb als entscheidend, diesen Aspekt mit einzubeziehen und die eigene Theologie auch anhand der Biografie zu reflektieren. Genauso erhellend ist der Blick auf die eigene Biografie anhand von Glaubensüberzeugungen. Wie wäre das eigene Leben verlaufen, wenn der Glaube oder das Gottesbild anders gewesen wäre? Welche Entscheidungen wurden durch den eigenen Glauben beeinflusst und wie beurteilt man diese im Nachhinein?

Unsere Grundannahme für dieses Buch lautet: Biografie prägt Theologie prägt Biografie prägt Theologie ... Wir stellen uns das wie eine Helix vor, in der Biografie und Theologie eigenständige Stränge sind, die aber eng umschlungen und miteinander verwoben sind.

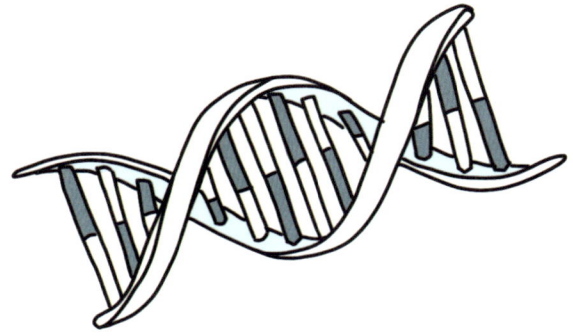

Theologie und Biografie sind also nicht voneinander zu trennen und losgelöst zu betrachten. Dennoch hilft die Unterscheidung, um sich über den eigenen Glauben und die eigene Identität stärker bewusst zu werden, sprachfähiger zu sein und besser einordnen zu können, warum einem manches zu bestimmten Zeiten wichtig war und ist und anderen vielleicht nicht. Sie hilft auch, mit Veränderungssituationen im Glauben umzugehen. Zeiten des Hinterfragens bisheriger Überzeugungen können anstrengend und herausfordernd sein. Manchmal fühlen sie sich so an, als würde man ins Bodenlose stürzen oder sein ganzes bisheriges Leben infrage stellen. Theologie und Biografie zu betrachten, kann einem aber helfen, Prozesse einzuordnen. Gleichzeitig wird es für einen nachvollziehbarer, warum man manches Hinterfragen als besonders herausfordernd empfindet.

Außerdem wird deutlich, dass Glaube und Theologie dynamisch und nicht statisch sind. Da das Leben aus neuen Erfahrungen und Veränderung besteht, ist es normal, dass sich der eigene Glaube verändert. Neue Erkenntnisse und Erfahrungen, Fragen, Zweifel, Verwunderung, neue Ideen und das Kennenlernen anderer theologischer Ansichten gehören zum Glauben dazu und tragen dazu bei, dass der eigene Glaube authentisch bleibt und man zu einem mündigen, reflektierten Glauben findet. Uns erscheint es eher schwierig, wenn Glaube und die mit ihm verbundenen Überzeugungen keinen Raum zulassen zum Lernen, Neu-Entdecken, zur Korrektur und zum Staunen darüber, dass Gott sich überraschend anders als bisher erwartet zeigt.

Zudem hilft es, den Zusammenhang von Theologie und Biografie zu reflektieren, um zu verstehen, dass es nicht die eine christliche Theologie gibt. Vielmehr müssen wir von Theologien in der Mehrzahl sprechen. Denn so wie Biografien sehr unterschiedlich verlaufen, so unterscheiden sich auch die Glaubensreisen verschiedener Menschen.

> „Je nach Biografie, Herkunft und Zeitalter deuteten und deuten Menschen die heiligen Schriften der Bibel und ihre Lebensgeschichte schon immer unterschiedlich. Theologie ist kontextgebunden und fordert deshalb heraus, theologische Entscheidungen zu treffen."[1]

Wir wünschen uns, dass dieses Buch eine Hilfe ist, sich allein oder gemeinsam auf eine Entdeckungsreise zu machen. Vielleicht kann es dir zum Wegbegleiter in Zeiten von Glaubensveränderungen werden oder diese anstoßen, sodass du durch das Lesen und Anwenden der Inhalte besser verstehen kannst, warum du Gott und deinen Glauben so wahrnimmst, wie du es aktuell tust. Um dir verschiedene Zugänge zu ermöglichen, werden dir im Buch immer wieder vier Elemente begegnen:

- Story: persönliche Geschichte
- Beiträge: grundlegende Themen
- Tool: praktische Anregung zur Reflexion
- Spiritueller Zugang: Idee, (neue) Form, den Glauben auszuprobieren

Wir hoffen und wünschen uns, dass du aus den persönlichen Geschichten und Beiträgen anderer etwas Hilfreiches für dich mitnehmen kannst. An dieser Stelle kommen bewusst Autorinnen und Autoren zu Wort, die ganz unterschiedliche Biografien haben und verschiedene theologische Ansichten vertreten.

Die Tools wiederum können dir Anregungen geben, wie du allein, aber auch gemeinsam mit anderen in die Reflexion einsteigen kannst. Und vielleicht liefern dir die spirituellen Zugänge Ideen, Formen des Glaubens nicht nur neu zu erproben, sondern auch so manche in Vergessenheit geratene Form wiederzuentdecken.

Warum Workbook?

Dieses Buch soll sich nicht lediglich theoretisch mit dem Thema Theologie und Biografie auseinandersetzen, sondern lädt zur persönlichen Reflexion und Beschäftigung ein – allein oder in der Gruppe. Es soll um dich und deinen Glauben gehen. Deine Theologie und deine Biografie. Auch wenn die Form dieses Buches aufeinanderfolgende Kapitel sind, die einer inneren Logik folgen, musst du es nicht unbedingt in dieser Reihenfolge lesen. Vielleicht sprechen dich einige Themen gerade mehr an als andere oder du suchst aktuell eher ein Tool, das du mit einer Gruppe umsetzen kannst. Vielleicht bleibst du auch

---

1 Büchert, Björn / Haubold, Katharina / Karcher, Florian: TheoLab. Theologie für Nichttheologen. Gott. Mensch. Welt, buch+musik ejw-service gmbh, Stuttgart 2020, S. 9–10.

einfach an einer Grafik hängen. Dann kannst du dieses Buch genauso intuitiv nutzen und zur entsprechenden Stelle springen.

Wir Herausgebenden befinden uns alle auf einer Reise im Glauben und sind dankbar für andere, die uns auf diesem Weg bereits begleitet haben und noch begleiten. Vielleicht tut es auch dir gut, dieses Buch mit einer anderen Person oder in einer Gruppe zu lesen und darüber ins Gespräch zu kommen. Dieses Workbook zu konzipieren und zu entwickeln hat uns selbst wieder neu mit unseren Glaubensreisen in Berührung gebracht und Neues lernen lassen. Wir danken allen Autorinnen und Autoren, die ihre Gedanken, Erlebnisse und ihr Fachwissen beigetragen haben. Wir danken Claudia Siebert für die unterstützende Begleitung, Mirja Wagner für das kompetente Lektorat sowie Daniela Buess und Toby Wolf für die gelungene grafische Gestaltung. Wir danken denen, die bereit sind, andere in Lebens- und Glaubensprozessen zu begleiten, die keine Angst haben, sich hinterfragen zu lassen, und neugierig bleiben, wie Gott sich – vielleicht auch ganz anders – im Leben zeigen wird. Ihr seid uns ein großes Vorbild!

Viel Freude bei deiner Reise!

Björn Büchert, Katharina Haubold, Jan Schickle

Downloads

 Unter download.praxisverlag-bm.de können die in diesem Buch enthaltenen Tool-Vorlagen als digitale Daten heruntergeladen werden. Der Kauf des Buches berechtigt zum Downloaden, Ausdrucken, Kopieren und Verwenden dieser Daten, sofern sie zur Vorbereitung und Durchführung der Inhalte dieses Buches verwendet werden. Eine Vervielfältigung, Verwendung oder Weitergabe darüber hinaus ist ohne Erlaubnis ausdrücklich nicht gestattet.

Bevor die Reise losgeht

Das Ziel einer Entdeckungsreise kann sich unterwegs durch Begegnungen, Überraschungen oder unvorhergesehene Ereignisse ändern. Der Ausgangspunkt lässt sich jedoch vor Beginn der Reise definieren.

Die folgenden Anregungen zur Standortbestimmung können dir dabei helfen, wahrzunehmen, von wo aus du startest und welches Reisegepäck du dabeihast.

Diese Personen haben meinen Glauben geprägt:

An meinem Glauben ist mir wichtig:

Folgende Ereignisse waren für meinen Glauben entscheidend:

Mit Gott verbinde ich:

Hier nehme ich eine Veränderung in meinem Glauben wahr:

Gespannt bin ich bei dieser Entdeckungsreise auf:

TOUR 1

Story: Eine Glaubensgeschichte in Kapiteln

von Hanns Wolfsberger

Wie bist du zum Glauben gekommen?

Diese Frage wurde mir schon oft gestellt, und wie viele andere mit einem ähnlichen Hintergrund verweise ich dann meistens auf meine Familie und meine christliche Erziehung. Mir selbst kommt das alles wahnsinnig unspektakulär vor. Dann sage ich: „Hmm, keine Ahnung, hat halt immer dazugehört."

Der Vorteil dieser Antwort: Wenn man keine Lust auf das Gespräch hat, endet die Unterhaltung meist ziemlich schnell. Der Nachteil dieser Antwort: Ich glaube inzwischen, sie stimmt nicht. Am ehesten stimmt noch der Ausdruck „Keine Ahnung". Aber je älter ich werde, desto mehr ahne ich, dass der Glaube an Gott erstens nicht einfach „dazugehört" und zweitens definitiv nicht „immer". Warum glaube ich noch? Es hätte auch anders kommen können, oder? Vielleicht. Vielleicht auch nicht.

Ich lade dich ein, gemeinsam mit mir auf einzelne Stationen meiner Glaubensbiografie zurückzublicken und selbst zu überlegen, ob das alles so kommen musste.

Kindheit: Die Kirchenbank

Ich bin in einer Pfarrfamilie aufgewachsen. Das Kirchengebäude, das Gemeindeleben, das Kommen und Gehen unzähliger Menschen in unserem Haus, Kinderkirche, Jungscharen, Gottesdienste – das war unsere Welt, meine Welt. Wie könnte es dort draußen noch etwas anderes geben? Ich kannte sie, diese Welt. Und ja, ich liebte sie. Ich bewegte mich unbeschwert darin, spielerisch. Quasi nebenbei – unabsichtlich – lernte ich Vaterunser, Glaubensbekenntnis, Psalmen, liturgische Gesänge, Gebete und unzählige Lieder auswendig. Sie umgaben mich einfach und waren Bestandteil meiner Wirklichkeit.

Mein Vater nahm mich im Grundschulalter oft mit zu den Abendgottesdiensten, die sehr regelmäßig stattfanden. Die Kirche stand ja direkt nebenan, und meistens hatte ich schon meinen Schlafanzug an, wenn wir hinübergingen – das war damals für niemanden ein Problem. Der Chor sang seine Lobpreislieder, meine Schwester spielte Klavier, draußen wurde es dunkel und ich war mittendrin. Solche Gottesdienste endeten für mich immer gleich: schlafend. Auf einer Kirchenbank. Aus irgendeinem Grund ist die Erinnerung an diese Kirchenbank besonders intensiv. Lange, beige Polsterstreifen waren darauf festgeklebt. Noch jetzt spüre ich, wie es sich anfühlt, dort auf dem Bauch zu liegen, meine Wange auf dem festen Polster, meine Hände unter dem Polster an den Klebestreifen pulend. Was für ein guter Platz zum Sein. Raum, Klang, irgendwann Schlaf. Heute staune ich, wie viel ich in diesem jungen Alter aufgenommen habe, ohne jemals darüber zu reflektieren.

Teenagerzeit: Die Familie

Leider wurde diese wunderbare Phase unterbrochen. Wir zogen um, mein Vater hatte eine neue Stelle angenommen. Das Abschiednehmen mit neun Jahren fiel mir unendlich schwer, das Ankommen war noch schwerer. Viel Leichtigkeit ging damals verloren.

Das neue Umfeld war zwar auch geprägt von glaubenden Menschen, aber anders, ernsthafter, richtiger. Ich war nicht der Einzige in meiner Familie, dem der Neuanfang schwerfiel. Der Unterschied war, dass ich eigentlich nicht verstand, was um mich herum geschah. Ich fühlte einfach weniger Selbstverständlichkeit. Trotz der christlichen Subkultur, in der wir uns befanden, war ich mit meinem kindlichen Glauben nicht länger Teil der großen Gemeinschaft, in der ich mich frei bewegen konnte – es war einfach nicht **meine** Gemeinschaft.

In dieser Phase reduzierte sich der praktizierte Glaube mehr und mehr auf meine Familie. Die Trennung der Bereiche, in denen Glauben stattfand oder eben nicht, verstärkte sich noch, als ich auf die weiterführende Schule kam. Schnell lernte ich, dass es keineswegs gesetzt war, geschweige denn cool, an Gott zu glauben. Weil ich Freunde brauchte und mit elf Jahren nicht als „Märtyrer" zugrunde gehen wollte, klammerte ich mein Glaubensleben ziemlich aus meinem Schul- und Freundesalltag aus. In meiner Familie dagegen blieb für mich alles beim Alten. Dort wurde gebetet und gesungen. Ich vermute, meine Eltern ahnten, zwischen welchen Polen ich mich bewegte. Aber sie waren zu klug, um zu intervenieren oder gar Druck aufzubauen. Sie forderten nichts, waren einfach da, glaubten ihren Glauben und ja, vertrauten, dass schon alles gut gehen würde. Für diese Haltung bin ich ihnen heute unendlich dankbar.

Jugendzeit: Zwei Welten

Die Welten klafften weiter auseinander. Ich wurde älter, verbrachte naturgemäß immer weniger Zeit zu Hause. Mit vierzehn wurde ich konfirmiert, ohne mit der Wimper zu zucken. Mein Konfirmandenunterricht war aus heutiger Sicht ein einziges Trauerspiel. Meine Identifikation mit der Institution Kirche erreichte einen dramatischen Tiefpunkt. Weil ich an meiner Konfirmation nicht einen Pfennig für schicke Klamotten ausgeben wollte, fragte ich den Vater eines Schulfreundes nach einem alten Jackett – optisch ein totales Desaster, aber das war mir egal. Eine Zeit lang besuchte ich einen christlichen Jugendkreis in unserem Ort. Nach einem guten Jahr fragte mich der Gruppenleiter, ob ich am Freitagabend nicht lieber etwas anderes tun wolle. Er meinte, ich interessiere mich doch gar nicht für die Inhalte, sondern hätte nur Blödsinn im Kopf. In anderen Worten: Ich flog raus. Damals ärgerte ich mich. Im Rückblick denke ich: Wie geduldig und liebevoll war der Typ eigentlich, dass er ein ganzes Jahr lang damit gewartet hat?

Meine weitere Jugendzeit bis zum Abitur spielte sich im Grunde außerhalb jeder christlichen Szene ab. Ich wäre in dieser Phase der Letzte (!) gewesen, den man in einem Schülerbibelkreis hätte treffen können. Immerhin reichten Respekt und Solidarität aus, mich – im

Gegensatz zu meinen Freunden – nicht lustig zu machen über das arme Häuflein, das sich immer in der Mittagspause zum Bibellesen traf. Vielleicht wusste ich insgeheim, dass ich einer von ihnen war. Das hätte ich nur niemals zugegeben.

FSJ: Die Seeumrundung

Nach dem Abi wollte ich weg. Raus aus dem engen Schwarzwaldtal. Raus aus der Schule, raus aus den zwei Welten. Ich begann ein FSJ in Toronto, Kanada, und arbeitete mit Jugendlichen in Brennpunktbezirken der Großstadt. Der Abstand tat gut. Im Nachhinein war er sogar entscheidend. Von diesem neutralen, weit entfernten Ort aus erhielt ich zum ersten Mal die Möglichkeit, wie von außen auf mein bisheriges Leben – und meinen Glauben – zu blicken.

Eine große Rolle spielte dabei das Weihnachtsfest 2003. Ich verbrachte die Feiertage zum ersten Mal nicht im vertrauten Zuhause mit gewohntem Ablauf, sondern im Familienkreis eines kanadischen Arbeitskollegen. Weil mir ein Herr-der-Ringe-Filmmarathon als Programm am Heiligabend doch zu wenig war, entschied ich mich, eine Tageswanderung zu machen. Ich nahm mir die Umrundung eines nahe gelegenen Sees vor.
Das Wetter war kalt und ungemütlich, und ich traf den ganzen Tag lang keinen einzigen Menschen. Ich wurde schwermütig, während ich durch die graue Landschaft lief. Ich vermisste Weihnachten, wie ich es kannte, und begann deshalb, deutsche Weihnachtslieder zu singen. Erst leise, dann immer lauter, irgendwann schreiend – es war ja niemand sonst da. Ich sang Lobpreislieder, Choräle, Strophe für Strophe, Lied für Lied, über eine Stunde ging das so. Ich war ziemlich verblüfft, wie viel Musik, wie viel Text da in mir war. Jetzt ließ ich alles raus. Mit jedem Lied wurde mir leichter. Und so kitschig das auch klingen mag: Nach einer Weile sang nicht nur mein Mund, sondern mein Herz, mein ganzer Körper. Eine Stunde lang gab es nur Gott und mich. Und es war gut.

An diesem Heiligabend spürte ich zum ersten Mal, was für einen Schatz ich da bei mir trug, jahrelang schon. Da gab es eine Verbindung zu etwas Großem, etwas Heiligem. Wie ein dünner Faden, der all die Jahre nie abgerissen war. Jetzt sah ich ihn. Und ich war dankbar für alles, was irgendwann einmal in mich hineingelegt worden war. Ich hatte ja keine Ahnung gehabt.

Die frühen Zwanziger: Überzeugt

Ich war kein anderer Mensch, als ich nach Deutschland zurückkehrte, aber ja, mein Christsein war mir wichtiger geworden. Ich sprach jetzt darüber, las theologische Bücher, beschäftigte mich mit Biografien von Glaubensvorbildern und bildete mir eine Meinung, wie ein Leben als Christin bzw. Christ aussehen könnte oder müsste.
In diesen Jahren lebte und arbeitete ich in einem christlichen Projekt für straffällige Jugendliche und wurde dort mit der Erwartung konfrontiert, jetzt selbst ein Vorbild zu sein. Ob mir das gelang, weiß ich nicht. Aber ich fühlte mich sicherer, sprach überzeugter

und fasste irgendwann den Entschluss, Theologie zu studieren. Auf einmal konnte ich mir vorstellen, Pfarrer zu werden. Etwas, das ich den Großteil meines bisherigen Lebens komplett ausgeschlossen hatte.

Studienzeit: Nicht überzeugt

In der Zeit des Theologiestudiums stellte ich dann fest, dass so ziemlich jede Glaubensaussage, die ich mir zu eigen gemacht hatte, von irgendeiner Person nicht geteilt wurde. Alles konnte auch anders gedeutet werden, je nachdem, welche Perspektive, welche Vorannahmen und vor allem welche Prägungen und Erfahrungen eine Person gemacht hatte. Diese Relativierbarkeit ging nicht spurlos an mir vorüber. Mein Eifer wurde kleiner. Zweifel wurden größer – an meiner Berufswahl, an der Kirche, an meinen eigenen Überzeugungen. Zweifel, die bis heute kommen und gehen.

Aber etwas anderes, etwas Neues entstand dabei auch: Demut. Die Ahnung, dass das Geheimnis, dass Gott selbst größer ist als ich und meine Meinung, größer ist als alle Meinungen. Und ja, Vertrauen. Vertrauen darauf, dass der Faden in mir auch in Zukunft nicht abreißen wird. Jemand hält ihn zusammen, und das gibt mir Hoffnung für morgen.

Fortsetzung folgt in der Story: „Die kleine flackernde Flamme".

Glaube entwickelt sich – und das ist ganz normal

von Katharina Haubold

Ordnung – Unordnung – Neuordnung

Glaube bleibt nicht ein Leben lang gleich – das wird in den Storys dieses Buches deutlich. Es wird auch da spürbar, wo man mit Menschen darüber ins Gespräch kommt, was sie zu unterschiedlichen Zeiten ihres Lebens über Gott gedacht haben. Mit den Veränderungen im Leben kommen auch Veränderungen im Glauben – Biografie und Theologie bedingen sich gegenseitig.

Ganz einfach heruntergebrochen kann man von drei Phasen sprechen, die sich unterschiedlich oft wiederholen. Richard Rohr nennt diese drei Phasen z. B. Ordnung, Unordnung und Neuordnung oder etwas technischer: Konstruktion, Dekonstruktion und Rekonstruktion. Er verdeutlicht damit, dass Glaube zunächst gebildet wird, z. B. durch die Prägung und Erfahrungen im Kindesalter. Es entsteht eine Ordnung oder ein Glaubenskonstrukt, das für eine gewisse Zeit „das Normale" ist. Durch z. B. den (Nicht-)Glauben der Eltern wird eine Normalität des (Nicht-)Glaubens geprägt, die vertrauenswürdig ist. Durch Erzählungen und Erfahrungen entsteht ein zunächst festes Gebilde, das trägt. Mit neuen Erfahrungen und dem Älterwerden wird diese Normalität erweitert. Das kann bedeuten, dass manche Glaubenssätze nicht mehr zu passen scheinen, dass Fragen auftauchen, die bisher keine Rolle gespielt haben oder jemand mit Ansichten über die Welt und die Wirklichkeit in Berührung kommt, die bisher Geglaubtes hinterfragen. Es entsteht Unordnung in den eigenen Ansichten und Überzeugungen. Glaubenssätze werden überdacht und hinterfragt. Sie werden „auseinandergenommen" in dem Sinne, dass reflektiert wird, woher sie kommen und ob man ihnen angesichts der neuen Erfahrungen weiter vertrauen kann. Manche nennen das Erleben dieser Phase auch Dekonstruktion. Das Glaubensgebilde, das „konstruiert" wurde, wird de-konstruiert. Aus dem Zusammenspiel von Ordnung und Unordnung wird im besten Falle eine Neuordnung. Der Glaube entwickelt und verwandelt sich in eine neue Ordnung. Mit wieder neuen Erfahrungen und dem Dazulernen kann der Prozess von vorn beginnen.

Diese drei Schritte sind auf unterschiedliche Art erforscht und in Modellen ausdifferenziert worden, welche dabei helfen können, zu verstehen, dass die verschiedenen Entwicklungsphasen des Menschen unterschiedliche Arten zu glauben mit sich bringen und notwendig machen. Glaubensentwicklung ist insofern ein Prozess, der sich notwendigerweise ereignet. Gleichzeitig können Modelle helfen, mit Erfahrungen von Veränderungsprozessen des Glaubens umzugehen und sie einzuordnen. Denn gerade die Phase der Unordnung kann als herausfordernd und bisweilen beängstigend empfunden werden.

Fünf religiöse Stile nach Heinz Streib

Heinz Streib entwickelte aufbauend auf der Glaubensentwicklungstheorie des Theologen James Fowler ein Konzept, das fünf unterschiedliche Formen religiöser Stile umfasst. Er knüpfte damit an die Entwicklung des Menschen an, und zwar vom Kindesalter bis zum Erwachsenenalter. Wie ein Mensch glaubt, hängt von unterschiedlichen Faktoren ab: vom Alter und der Art, zu denken, von Beziehungen zu anderen, zur Welt und sich selbst und wie man sich seine eigene Lebensgeschichte erzählt. Die religiösen Stile entwickeln sich mit der Biografie.

Subjektiver religiöser Stil

Der subjektive religiöse Stil ist davon gekennzeichnet, dass die eigene Person im Zentrum gesehen wird und sich die Welt um die eigene Wahrnehmung dreht. Kennzeichen dafür sind z. B. die Überzeugung, dass der eigene Glaube die absolute Wahrheit darstellt und andere Religionen abgewertet und abgewehrt werden.

Instrumental-reziproker Stil

Im instrumental-reziproken Stil werden neben den eigenen auch die Bedürfnisse anderer Personen im näheren Umfeld wahrgenommen. Das Verständnis von Beziehung kann mit „Wie du mir, so ich dir" oder „Ich tue etwas, damit du (für mich) etwas tust" zusammenge-fasst werden. In diesem Stil ist es wichtig, dass die Bibel und ihre Aussagen wörtlich ver-standen werden. Überzeugungen wie „Wenn ich nur genug bete, wird mein Anliegen erhört" oder „Gott, wenn du mir hilfst, diese Prüfung zu bestehen, dann spende ich mein ganzes Geld" haben hier ihren Platz.

Wechselseitiger religiöser Stil

Der wechselseitige religiöse Stil beruht darauf, dass Beziehungen auf Augenhöhe gelebt werden. So wie die Gruppe/Gemeinschaft an Gott glaubt, so wird geglaubt. Glaubens-überzeugungen werden gemeinschaftlich ausgehandelt. Die eigene Meinung zur Bedeu-tung von Jesu Tod ist dann z. B. identisch mit dem, was in der Gruppe vertreten wird.

Individuierend-systemischer religiöser Stil

Als individuierend-systemischen religiösen Stil beschreibt Streib eine Art zu glauben, in der es für Menschen besonders wichtig ist, ihren Platz zu finden. Der eigene Glaube soll sich authentisch anfühlen und „zu mir passen". Wo Unstimmigkeit empfunden wird, werden Fragen laut, die auch gestellt werden. Der Glaube wird individueller und löst sich eventuell von Überzeugungen der Gruppe.

Dialogischer religiöser Stil

Der dialogische religiöse Stil umfasst eine neue Offenheit für „das andere". Die eigene reli-giöse Identität wird nicht über Abgrenzung definiert. Es werden andere Meinungen und Ansichten als Bereicherung wahrgenommen. In diesem Stil sind Menschen ohne Angst offen für neue spirituelle Zugänge. Streib spricht in Anlehnung an den Philosophen Paul

Ricœur von einer „zweiten Naivität"[2]. Symbole und Erzählungen gewinnen an neuer Bedeutung. Dabei stehen nicht (mehr) die Wörtlichkeit und Historizität der Bibel im Mittelpunkt, sondern das Vertrauen, dass sie für die eigene Wirklichkeit bedeutsam ist.

Streib versteht religiöse Stile nicht als aufeinanderfolgende Phasen. Ihm zufolge können Menschen zwischen verschiedenen Stilen hin- und herwechseln. Zum Teil überlagern sie sich auch und lassen sich nicht eindeutig voneinander trennen. Die „Neuordnung", die entsteht, integriert also auch bisherige Stile. Deshalb wählt er folgende Grafik, um sein Verständnis von religiösen Stilen zu verdeutlichen:

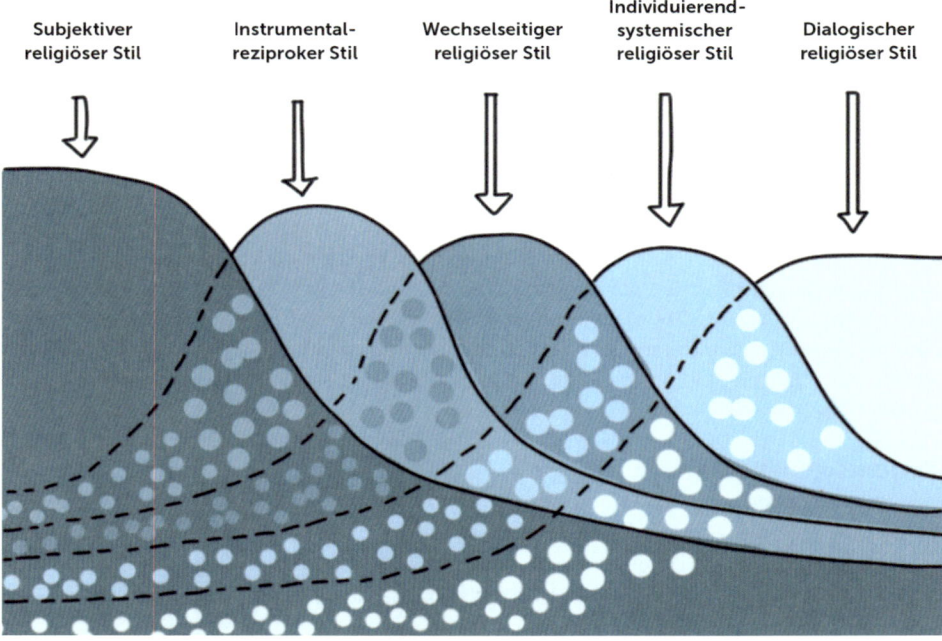

| Subjektiver religiöser Stil | Instrumental-reziproker Stil | Wechselseitiger religiöser Stil | Individuierend-systemischer religiöser Stil | Dialogischer religiöser Stil |

Vier Phasen der Glaubensentwicklung nach Brian McLaren

Brian McLaren beobachtet vier Phasen von Glaubensentwicklungsprozessen. Er nennt sie Einfachheit, Komplexität, Ratlosigkeit und Harmonie.[3] Sie beschreiben den Prozess von „Ordnung – Unordnung – Neuordnung" vor allem im Hinblick auf die Glaubensentwicklungsprozesse von Menschen, die mit einem klaren Gottesbild aufgewachsen sind.

2 Streib, Heinz: Faith Development Theory Revisited: The Religious Styles Perspective, in: The International Journal for the Psychology of Religion, 11 (3), 2001, S. 152.
3 Im Englischen nennt McLaren diese Phasen „simplicity, complexity, perplexitiy und harmony". Vgl. McLaren, Brian: Faith after doubt. Why Your Beliefs stopped Working and What to Do About It, St. Martin's Essentials, New York 2021, S. 297.

Phase 1: Einfachheit

Die Phase der Einfachheit ist von einem Schwarz-Weiß-Denken geprägt: Ansichten sind entweder richtig oder falsch, Handlungen gut oder böse, Menschen drinnen oder draußen. Dabei bestimmen Autoritätspersonen – Jugendleiterinnen- und leiter, Pastorinnen und Prediger –, was jeweils stimmt oder eben auch nicht. Es gibt „einfache Fragen" mit „einfachen Antworten". Der Glaube kennt keine Zweifel, sondern ist klar und eindeutig.

Phase 2: Komplexität

Durch Erfahrungen, die diese klaren Glaubenssätze hinterfragen, oder durch das Wahrnehmen anderer Ansichten werden die „einfachen Fragen" komplexer. Dennoch bleiben sie in der Phase der Komplexität beantwortbar. Persönliches Bibelstudium und die Auseinandersetzung mit kritischen Themen, z. B. in Seminaren auf Freizeiten, helfen, diese Erklärungen zu finden. Gerade bei denjenigen, die als Kinder christlich geprägt worden sind, tritt diese Phase häufig im Jugendalter auf und ist von einem pragmatischen Umgang mit den Herausforderungen bestimmt: Alles kann gemanagt werden, Probleme sind zum Lösen da, auf Fragen gibt es Antworten, auch wenn diese komplexer sind als in der Phase der Einfachheit. Hier spricht McLaren von einem Glauben, der den Zweifel managt.

Phase 3: Ratlosigkeit

Mit zunehmenden Erfahrungen, die den bisherigen Glauben existenzieller infrage stellen, kann es zur Phase der Ratlosigkeit kommen. Vielleicht sind es die Erfahrungen des Scheiterns an den eigenen Ansprüchen oder existenzielle Krisen, die den Pragmatismus und das Managen der Komplexität aus Phase 2 unmöglich machen. Die Antworten werden kritisch beleuchtet und ergeben angesichts der neuen Erfahrungen keinen Sinn. Auch die Auseinandersetzung mit Rassismus, Sexismus, Unterdrückung und Ausbeutung oder Verletzungen durch den Glauben können dazu führen, dass der bisherige Glaube wie ein Kartenhaus zusammenzufallen scheint. Hier ist der Glaube im Zweifel, und ihn gänzlich aufzugeben ist eine realistische Option.

Gerade diese Option, die oft mit dem Verlust von Freundschaften und Beziehungsnetzwerk, Zugehörigkeit und Sicherheit verbunden ist, lässt diese Phase für viele Menschen zu einer bedrohlichen und verzweifelten Erfahrung werden. Manche werden ihrem bisherigen Glauben und denjenigen, die ihn weiter in dieser Weise vertreten, zynisch oder gleichgültig gegenüber. Andere wiederum werden aktiv und versuchen, das Problematische an ihrem bisherigen Glauben aufzuzeigen. Für wieder andere öffnen sich neue Sichtweisen auf den christlichen Glauben, und nicht selten ist es ein Zugang zur christlichen Mystik, der schließlich neue Perspektiven eröffnet.

Wenn neue Perspektiven möglich werden, kann es zur Phase der Harmonie kommen.

Phase 4: Harmonie

Die Phase der Harmonie beschreibt eine veränderte Art, den persönlichen Glauben an Gott wiederzugewinnen. Das Bild von „Sterben und Auferstehen" verdeutlicht für McLaren, wie dieser Prozess empfunden wird. Meist geht dieser mit einem veränderten Gottesbild und anderen Glaubensüberzeugungen einher, ist aber deshalb nicht weniger bedeutsam oder existenziell, sondern wird im Gegenteil als tiefer und befreiter empfunden. Auch McLaren spricht von einer zweiten Naivität, in der manches aus der Phase der Einfachheit

„zurückerobert" wird – nun aber als Erkenntnis, die zuvor Tiefen durchlebt hat. Das kann z. B. die tiefe Überzeugung sein, dass Gott einen in schwierigen Zeiten trägt, obwohl genau das in der Phase der Ratlosigkeit völlig ausgeschlossen schien. McLaren spricht hier von einem Glauben, der den Zweifel integriert.

Für die Praxis

Beide Modelle sind Vereinfachungen. Dennoch verdeutlichen sie, dass Menschen in unterschiedlichen Stilen/Phasen Unterschiedliches brauchen. Wenn man Andachten oder Gruppen gestaltet und mit anderen über den Glauben spricht, können sie helfen, zu fragen, was gerade dran ist. Miteinander darüber ins Gespräch zu kommen, wie der eigene Glaube wahrgenommen wird und in welcher Phase oder mit welchem religiösen Stil sich Menschen in der Gemeinde wohlfühlen, kann dazu führen, hilfreiche Veränderungen anzugehen. So kann z. B. reflektiert werden, in welchen Stil / welche Phase die Gottesbilder passen, die in gesungenen Liedern ausgedrückt werden. Sie können außerdem dazu anregen, zu überlegen, wie weitere religiöse Stile kennengelernt werden können. Anhand der Modelle kann auch nachvollziehbar werden, wieso bestimmte Formulierungen oder Ausdrucksformen jemandem „plötzlich" schwer zugänglich sind, obwohl sie bisher stimmig waren.

Dort, wo in Gemeinden nicht nur ein Glaube nach außen dargestellt wird, der ohne Zweifel auskommt oder den Zweifel managt, sondern der sich den Fragen stellt, die in die Perplexität führen, um sie dann auszuhalten und sich ernsthaft von ihnen berühren zu lassen, können Menschen im Zweifel Weggemeinschaft erleben.
Dort, wo deutlich wird, dass Beziehungen auch dann tragfähig sind, wenn der bisher verbindende Glaube hinterfragt und vielleicht aufgegeben wird, und wo Zugehörigkeit nicht am inhaltlichen Konsens festgemacht wird, besteht die Möglichkeit, dass Menschen in der Dekonstruktion nicht einsam werden.

Beide Modelle können auch helfen, den eigenen Glauben besser zu verstehen. So kann es z. B. sein, dass in bestimmten Lebenssituationen unterschiedliche Arten zu glauben reflektiert werden können. In einer Krisensituation könnte es beispielsweise sein, dass jemand betet: „Gott, wenn du mir jetzt hilfst, diese Prüfung zu bestehen, dann spende ich alles Geld, was ich gespart habe." Ein solches Gebet würde auf einen instrumental-reziproken Stil hinweisen. Mit etwas Abstand stellt die gleiche Person aber womöglich fest, dass sie dieses Gottesbild „eigentlich" gar nicht vertritt und ein solcher „Tauschhandel" mit Gott ein Beziehungsverständnis widerspiegelt, das sie sonst nicht gutheißen würde. Auf diese Weise kann der eigene Glaube anhand der Stile tiefer durchdrungen werden.

Auf den Punkt gebracht

Veränderungen im Glauben sind nicht nur normal, sondern führen im besten Fall zu einer tieferen Durchdringung des eigenen Glaubens, der Krisen und Kritisches nicht ausblendet. Dabei geht es nicht darum, über die Art und Weise, wie andere (nicht) glauben, zu urteilen. Modelle helfen, allein und mit anderen zu reflektieren, was man selbst für die eigene Art zu glauben braucht oder eben andere für ihre Art zu glauben brauchen.

Tipps zur Vertiefung

- Küstenmacher, Marion / Haberer, Tilmann / Küstenmacher, Werner Tiki: Gott 9.0, Wohin unsere Gesellschaft spirituell wachsen wird, Gütersloher Verlagshaus, Gütersloh 2010
- Podcast: RefLab. Ausgeglaubt, www.reflab.ch/category/podcasts/ausgeglaubt

Verwendete Literatur

- Büttner, Gerhard / Dieterich, Veit-Jakobus: Entwicklungspsychologie in der Religionspädagogik, Vandenhoeck & Ruprecht, Göttingen [2]2016
- McLaren, Brian: Faith after doubt. Why Your Beliefs stopped Working and What to Do About It, St. Martin's Essentials, New York 2021
- Rohr, Richard: Der Weg der Weisheit, Claudius Verlag, München 2021
- Streib, Heinz: Faith Development Theory Revisited: The Religious Styles Perspective, in: The International Journal for the Psychology of Religion, 11 (3), 2001, S. 143–158

Tool: Glaube entwickelt sich

von Katharina Haubold

Ausgehend von den vier Entwicklungsphasen nach Brian McLaren hilft dieses Tool, die (eigene) Entwicklung im Glauben allein oder mit anderen zu reflektieren[4]:

1. Alle sollten den Artikel „Glaube entwickelt sich – und das ist ganz normal" gelesen haben.
2. Es ist wichtig, dass ihr einen Rahmen schafft, in dem ihr offen und ohne Angst sprechen könnt. Verabredet Vertraulichkeit.
3. Startet mit einem „Stillen Schreibgespräch". Dafür druckt ihr die vier Übersichten aus, die es auch als Download gibt, schneidet sie aus und legt sie auf unterschiedliche Tische. Nehmt euch ca. 20 bis 30 Minuten Zeit, über folgende Fragen nachzudenken, und schreibt eure Gedanken auf Klebezettel. Legt sie zu der jeweiligen Phase. Zettel von anderen könnt ihr im Verlauf kommentieren. Wenn du das Tool allein nutzt, kannst du direkt auf die Ausdrucke oder hier ins Buch schreiben.
   » Welche der Phasen löst in euch eine Resonanz aus? Warum?
   » Wie ging/geht es euch in den Phasen, die ihr aus eigenem Erleben kennt? Welche Fragen/Gedanken habt ihr zu den Phasen, die ihr aus eigener Erfahrung nicht kennt?
   » Wie können Einzelpersonen anderen in den jeweiligen Phasen gute Weggefährtinnen und Weggefährten sein? Worauf sollte in Gemeinden, Jugendgruppen usw. geachtet werden, um ernst zu nehmen, dass Menschen in unterschiedlichen Phasen „da sein können"?
   » Wie muss eine Gemeinschaft sein, damit sie euch „in eurer aktuellen Phase" hilft?
4. Nehmt euch noch einmal Zeit, die verschiedenen Klebezettel zu lesen.
   Wenn du das Tool allein nutzt, lies noch einmal, was du aufgeschrieben hast.
5. Kommt über eure Gedanken ins Gespräch. Dabei können euch folgende Fragen leiten:
   » Was ist euch in der Schreibphase (neu) bewusst geworden?
   » Welche Gedanken habt ihr zu „eurer" Phase?
   » Welche Fragen würdet ihr gern Menschen in anderen Phasen stellen?
   » Gibt es generelle Anfragen an das Modell? Wenn ja, welche? Kommt über diese Anfragen ins Gespräch.
   Wenn du das Tool allein nutzt, überlege, ob du über deine Gedanken mit jemandem reden möchtest. Wer könnte diese Person sein?
6. Folgendes Gebet können alle schriftlich als Abschluss vervollständigen:
   Gott, ich denke gerade über dich, dass du …
   Ich möchte dir sagen, dass …
   Ich wünsche mir gerade für meinen Glauben, dass …
   Sei du bei mir und allen Schritten und Entwicklungen in meinem Glauben. Amen.

---

4 Vgl. McLaren, Brian: Faith after doubt. Why Your Beliefs stopped Working and What to Do About It, St. Martin's Essentials, New York 2021.

Phase 1: Einfachheit

- Geprägt von Dualismus:
  schwarz – weiß / richtig – falsch /
  mögen – nicht mögen / die – wir /
  drinnen – draußen
- Autoritätsfiguren bestimmen
  die Dualismen
- Einfache Fragen – einfache
  Antworten
- Glaube ohne Zweifel

Phase 2: Komplexität

- Die Welt wird als komplexer wahrgenommen, das wirft Fragen und
  Zweifel auf
- In der Bibel / in der eigenen Glau-
  benstradition werden Antworten
  auf die neuen Fragen gesucht und
  gefunden
- Eigenständiges Bibellesen
- Kommt häufig im Jugendalter
- Pragmatismus, mit einer komple-
  xen Welt klarzukommen: „Alles
  kann gemanagt werden, Probleme
  sind zum Lösen da."
- Glaube, der den Zweifel „managt"

Phase 3: Ratlosigkeit

- Die Antworten aus Phase 2 werden durch neue
  Erfahrungen/Kontakte auf den Prüfstand gestellt
  und tragen nicht mehr
- Fühlt sich an wie der Verlust von allem, (fast) alles,
  was konstruiert wurde, wird hier dekonstruiert
- „Entweder werden Menschen hier ein Mystiker
  oder ein Zyniker."
- Glaube im Zweifel

Phase 4: Harmonie

- Wenn der Zynismus aus Phase 3 nicht alles bestimmt,
  sondern die Hoffnung, der Traum, die Vorstellung, der
  Mut, zu glauben, dass es nach Phase 3 auch anders
  weitergehen könnte
- Bild von „Sterben und Auferstehen"
- Frieden, der das Verstehen übersteigt / Integration und
  Staunen
- „Zweite Naivität" / „Zweite Einfachheit" (Paul Ricœur)
- Glaube, der den Zweifel integriert

Blackout

von Tabea Richardson

Manchmal bekommen wir individuelle oder innovative spirituelle Zugänge, wenn wir Alt-bekanntes neu entdecken, beispielsweise biblische Texte und Geschichten.

Mit dieser Blackout-Übung kann man unerwartete Wahrheiten ans Licht bringen. Nimm dir einen Bibelvers oder Abschnitt, lass dich von einzelnen Wort- oder Satzbausteinen inspi-rieren, die dich ansprechen, und übermale den Rest. Das Ergebnis ist ein neuer Vers, eine neue Perspektive auf den Textabschnitt. Probiere es aus.

Hier als Beispiel 1. Korinther 13,1-10 nach Luther:

Engelzungen

prophetisch   alle Geheimnisse

der

Liebe   und

erbittern,

ist

aufhören.

Die Geschichten, die wir uns erzählen

von Jason Liesendahl

Die Prägekraft von Geschichten

Ich bin in einer etwas speziellen Freikirche aufgewachsen, die sich „geschlossene Brüdergemeinde" nannte. Hier legte man besonderes Gewicht auf die „Absonderung vom Bösen". Man glaubte, es sei entscheidend, dass sich wahre Glaubende von jeglicher Form des Bösen fernhielten, sogar von Christinnen und Christen, die anders glaubten. Ansonsten, so die Ansicht, werde einen die Sünde beflecken. Jede Gemeinde, die das zulasse, würde Gott verlassen. Das ging so weit, dass man keinerlei geistliche Gemeinschaft zu anderen Christinnen und Christen und Kirchen pflegte.

Für mich war entscheidend, dass ich an verschiedenen Stellen meiner Reise reflektieren konnte, was diese religiöse Prägung mit mir gemacht und wie sie sich auf meine Identität ausgewirkt hat. Lange Zeit folgte mein Leben der Erzählung, dass ich in dieser Welt fremd bin und nirgends wirklich dazugehöre. Ein tiefes Misstrauen gegenüber anderen Menschen und Institutionen hatte mich geprägt, denn das Böse durchzog ja alles. Nur die Gemeinde war eine kleine sichere Insel.

Vieles von dieser Prägung hat mir nicht gutgetan. Deswegen war es für mich ein wichtiger Schritt, zu lernen, dass ich Einfluss darauf nehmen kann, welchen Geschichten mein Leben folgen soll. Für Paul Ricœur, einen französischen Philosophen, der sich viel mit Identitätsbildung beschäftigt hat, erwächst die Identität einer Person aus den Geschichten, die sie sich über sich selbst erzählt. Wir sind zugleich Lesende und Schreibende unseres Lebens. In einem ständigen Prozess, den er „narrative Identität"[5] nennt, erzählen wir uns unsere eigene Lebensgeschichte – auch unter dem Eindruck von Geschichten, die uns begegnen. Demnach haben wir Menschen eine gewisse Handlungsmacht darüber, welche Geschichten wir uns erzählen, und können diesen Prozess bis zu einem gewissen Grad reflektieren und verändern.

Jedoch stehen wir stark unter dem Einfluss der Geschichten, die uns bislang geprägt haben. Diese Prägekraft von Geschichten beschäftigt mich mittlerweile auch beruflich. Als Geschichtslehrer ist es mein Job, den Identitätsbildungsprozess von jungen Menschen zu begleiten. Die Geschichtswissenschaft ist sich dabei sehr bewusst, welche Macht Einzelne und Gruppen ausüben können, indem sie ein Geschichtsverständnis in jungen Menschen ausbilden. Ein Blick in die deutsche Vergangenheit genügt: Hier haben sich Geschichtswissenschaft und historische Bildung von der faschistischen Ideologie der Nationalsozialistinnen und -sozialisten vereinnahmen lassen und so eine Mastererzählung

---

5 Ricœur, Paul: Narrative Identität, in: Heidelberger Jahrbücher, Band 31, hrsg. v. Elmar Mittler, Springer, Berlin/Heidelberg 1987.

produziert und weitergegeben, die den Massenmord an Jüdinnen und Juden ermöglichte. Vor diesem Hintergrund muss sich die Geschichtswissenschaft heute fragen, wie sich die Ausbildung eines Geschichtsbewusstseins gestalten lässt, das sich nicht durch menschenverachtende Ideologien vereinnahmen lassen kann. Als Geschichtslehrer glaube ich, dass man einen kritischen Umgang mit Geschichte und eine Widerstandsfähigkeit gegen demokratiefeindliche und menschenverachtende Vereinnahmung lernen kann. Dazu muss man gewisse Methoden, aber vor allem auch gewisse Haltungen erlernen.

Doch wie sieht es beim Glauben aus? Braucht es nicht auch hier Vergleichbares? Ich glaube, dass dem so ist und sich einige wesentliche Dinge von der Geschichtswissenschaft lernen lassen.

Glaube als Angebot

Auch der Geschichtsdidaktiker Bernd Schönemann hat sich mit dieser Thematik beschäftigt. Sein Ansatz ist, den Geschichtsunterricht als Angebot zu verstehen. Den Schülerinnen und Schülern dürfe keine soziale Identität öffentlich und institutionell verordnet werden. Das bedeutet nicht, dass sie nun selbst aussuchen können, wie die Vergangenheit gewesen ist. Geschichte wird dadurch nicht beliebig. Aber als Lehrer markiere ich deutlich, dass ich nicht objektiv vermittle, wie es damals gewesen ist. Vielmehr erkläre ich, dass Geschichte immer eine Deutung ist, die mit einer Perspektive zu tun hat.

Wir haben keinen Zugriff auf die Vergangenheit, sondern können uns ihr nur annähern und sie rekonstruieren. Das geschieht aber immer aus einer kulturellen Prägung heraus. Geschichtsvermittlung hat Denkvoraussetzungen und darf deswegen kritisiert werden. Um das zu lernen, bietet es sich an, verschiedene Perspektiven zu analysieren. Ein Beispiel: Die Gruppe „Rote Kapelle" leistete gegen den Nationalsozialismus Widerstand. Sie hatte in ihren Reihen Kommunistinnen und Kommunisten, sodass sie in Westdeutschland zunächst gar nicht als Widerstandsgruppe anerkannt wurde. Vielmehr galten ihre Mitglieder als Vaterlandsverräterinnen und -verräter. In der DDR dagegen wurden sie als Widerstandsheldinnen und -helden verehrt. Nach dem Fall der Mauer und dem Zusammenbruch der Sowjetunion wurden die Denkmäler der „Roten Kapelle" in Ostberlin zunächst abgebaut. Nach einigen Jahren Abstand bewertete man die Rolle der „Roten Kapelle" jedoch neu, sodass man seit einigen Jahren ihr Engagement bundesweit würdigt. Das zeigt: Geschichtsvermittlung hat Denkvoraussetzungen, und darüber zu reden ist Voraussetzung dafür, dass sie als Angebot wahrgenommen werden kann.

In meiner christlichen Sozialisation habe ich genau diese Reflexion von Denkvoraussetzungen vermisst. Natürlich hat auch die Glaubensvermittlung in Predigten, Podcasts, Büchern, Hauskreisen und Vorträgen Denkvoraussetzungen. Auch hier würde das Hinzuziehen verschiedener Perspektiven einen Lernprozess in Gang setzten können, der zu einem wirklich mündigen Glauben führen könnte. Das beinhaltet jedoch in einigen Frömmigkeitsprägungen eine andere Haltung von geistlicher Leitung und theologischer Bildung – letztlich sogar von dem, was man unter „Wahrheit" versteht. Es geht dann nicht mehr um die Vermittlung von absoluten, nicht hinterfragbaren Wahrheiten und einer reinen Lehre, die von kultureller und historischer Färbung unberührt ist, sondern um das Schaffen eines Angebots im Sinne eines Lernumfelds, durch das Menschen einen eigenen Glauben entwickeln können. Es geht darum, die kulturelle Bedingtheit der eigenen Glaubensweise herauszuarbeiten, indem unterschiedliche Stimmen Gehör finden (Multiperspektivität) und ein empathisches Verständnis für andere Sichtweisen entwickelt wird (Fremdverstehen).

Diese Ansätze werden in der Theologie bereits unter dem Begriff „Glaubenskommunikation" diskutiert: Hier geht es dann nicht mehr darum, Glaubenslehre zu vermitteln. Stattdessen steht ein Prozess im Mittelpunkt, der, indem man andere Perspektiven zur Auseinandersetzung hinzuzieht, dialogisch ist. Ohne ein Bewusstsein für die historische und kulturelle Bedingtheit theologischer Inhalte wird der eigene Glaube unflexibel und statisch. So ein Glaube kann viel einfacher brechen.

Ich erinnere mich noch an den Gottesdienst einer konservativen Gemeinde. Die Moderatorin war in Tränen ausgebrochen, als sie schilderte, dass ihr Glaube massiv Schaden erlitten habe, weil sie mit der Aussage konfrontiert worden sei, dass Mose womöglich keine historische Person gewesen sei. Sie konnte mit dieser Aussage nicht umgehen, es zog ihr den Boden unter den Füßen weg. Derartige Krisen können vermehrt dann entstehen, wenn sich Glaube nie durch einen dialogischen Prozess entwickeln konnte. Es reicht an dieser Stelle nicht, das eigene Glaubensverständnis innerbiblisch zu begründen. Es braucht eine Auseinandersetzung damit, wie andere Christinnen und Christen die Bibel verstehen (ökumenischer und interkultureller Ansatz) und wie sich Glaubensweisen über Jahrhunderte hinweg entwickelt haben (dogmengeschichtlicher Ansatz), um die kulturelle Färbung der eigenen Glaubensweise herausstellen zu können.[6]

Andersartigkeit und historischer Wandel

Im Geschichtsunterricht ist es wichtig, die Andersartigkeit (Alterität) vergangener Zeiten zu verdeutlichen. Im Unterricht bringe ich es oft so auf den Punkt: Früher haben die Begriffe, die wir heute benutzen, etwas völlig anderes bedeutet. Ein Wald war im europäischen Mittelalter kein Ort der Erholung, sondern der Gefahr. Dort traf man auf Banden und böse Geister. Oft mache ich die Alterität auch am Beispiel des Wohnens deutlich. Die dunklen, rauchigen Einzimmerwohnungen mittelalterlicher Bauernfamilien haben einen völlig anderen Alltag mit sich gebracht, als wir das heute in unseren Privatwohnungen gewohnt sind. Die Alterität bezieht sich dabei auf alle Bereiche des Lebens: Arbeit, Rituale, Familie, Sexualität, Politik, Wissen, Weltbild – in allen möglichen Lebensbereichen gilt es zunächst, die Fremd- und Andersartigkeit herauszustellen. Im Geschichtsunterricht soll diese Reflexionsfähigkeit gefördert werden, um zu verhindern, dass die Schülerinnen und Schüler unkritisch von der heutigen Zeit auf vergangene Lebenswirklichkeiten schließen. Genau das sollte auch im Bereich des Glaubens vermieden werden.

6 Mehr dazu im Kapitel „Mit anderen Augen".

Nähert man sich dem Glauben mit einer solch historischen Herangehensweise, dann wird man erkennen, dass auch Glaube starken Veränderungen unterworfen war und ist. Glaubende haben über die Jahrhunderte hinweg ihrem Glauben in völlig anderen Lebenswirklichkeiten und Denkwelten Ausdruck gegeben. Diese Andersartigkeit ist jedoch nicht offensichtlich, sie muss mit viel Arbeit herausgestellt werden. Mir ist jedoch schon oft die Sichtweise begegnet, dass die historische Arbeit überflüssig sei und das Bibellesen allein für den Glauben ausreiche. Aber wie kann ich verhindern, dass ich nicht meine moderne Sichtweise in die Bibel hineinlese, wenn ich mir die Bibel nicht zunächst fremd werden lasse, indem ich die kulturellen und historischen Unterschiede und Zusammenhänge verstehen lerne? Die Absage an historische Analysen macht blind für die eigene kulturelle Bedingtheit.

Kristin Kobes Du Mez hat in ihrem Buch „Jesus and John Wayne" eindrucksvoll gezeigt, wie sich in den USA das Bild von biblischer Männlichkeit gewandelt hat.[7] Nach der militärischen Niederlage im Vietnam-Krieg hat sich in verschiedenen politischen Kreisen eine grundlegende Skepsis gegenüber feministischen Positionen breitgemacht. Man glaubte, der Feminismus wäre für ein verweichlichtes Mannsein verantwortlich. Damit könne man keine Kriege gewinnen. Entsprechend wurde sich nun für ein anderes Bild von Männlichkeit starkgemacht, das auch Einzug in die christliche Gedankenwelt fand. Exemplarisch steht für diese Entwicklung ein berühmter Predigtauszug des neocalvinistischen Pastors Mark Driscoll:

> „Jesus ist ein Profikämpfer mit einem Tattoo auf dem Bein, einem Schwert in der Hand und gewillt, jemanden bluten zu lassen. Diesen Typen kann ich anbeten. Ich kann nicht diesen Hippie, Windel, Heiligenschein-Christus anbeten. Ich kann niemanden anbeten, den ich verprügeln kann."[8].

Diese Aussage lässt sich sehr gut mit einer kulturellen Entwicklung in den USA in Verbindung bringen. Hier wird eine direkte Linie zwischen dem Jesus der Johannesoffenbarung zu heute gezogen. Es fehlt jeder Hinweis darauf, dass sich die Vorstellung von Männlichkeit und damit auch die Vorstellung von dem Mann Jesus über die Jahrhunderte geändert hat und auch, was diese Entwicklungen beeinflusst hat. Das öffnet Tür und Tor für eine politische Vereinnahmung. Anders wäre es, wenn in einer Predigt unterschiedliche bildliche Darstellungen von Jesus thematisiert und in den historischen Kontext gestellt werden würden. Aus den Jahrhunderten der Christenverfolgung findet man viele Bilder, die Jesus als Hirten darstellen. Rettungsgeschichten stehen hier im Vordergrund. Nach der konstantinischen Wende wird das Christentum Staatsreligion. Nun entstehen Bilder, die Jesus vermehrt als Weltenherrscher zeigen. Als im 12. Jahrhundert die Pest in Europa wütete, entstanden Bilder des „Schmerzensmannes", des leidenden Jesus. Das Motiv des Mitgefühls stand im Vordergrund. Arbeiten aus dem Bereich der postkolonialen Theologie stel-

---

7 Vgl. Kobes Du Mez, Kristin: Jesus and John Wayne: How White Evangelicals Corrupted a Faith and Fractured a Nation. WW Norton & Company, New York 2020.
8 Übersetzt nach: Hamby, Derik: My Jesus can beat up your Jesus! Baptist News Global, 2010, www.baptistnews.com/article/my-jesus-can-beat-up-your-jesus

len darüber hinaus die Frage, inwiefern rassistische Strukturen in der westlichen Welt Einfluss auf die Theologie haben.[9]

Auf den Punkt gebracht

Eine historische Herangehensweise an den Glauben ist unumgänglich. Dabei ist die historische Wissenschaft kein Tool, um den Glauben zu begründen. Ein Fundament aus historischen Fakten wird man so also nicht bauen. Versuche, die Glaubwürdigkeit der Bibel mithilfe der Geschichtswissenschaft zu sichern, stellen eine unseriöse Vereinnahmung derselben dar. Die historische Herangehensweise kann uns jedoch helfen, unseren Platz in der Geschichte des Christentums zu erkennen, sodass wir eine kritisch reflektierte Geschichte unserer Herkunft erzählen können. Deshalb habe ich mich mit der Geschichte der Brüdergemeinde auseinandergesetzt. So konnte ich mir das Woher meiner Geschichte erzählen. Für das Wohin braucht es jedoch mehr: eine Fülle an Geschichten aus anderen Traditionen. Diese können ein riesiger Schatz sein, durch den die eigene Geschichte neue Impulse bekommen kann.

Tipps zur Vertiefung

- Dam, Harmjan: Historisches Lernen, Historische Bildung, WiReLex, 2022, www.bibelwissenschaft.de/stichwort/100152
- Mendl, Hans: Konstruktivistischer Religionsunterricht, WiReLex, 2015, www.bibelwissenschaft.de/stichwort/100021
- Podcast: Das Wort und das Fleisch, www.wort-und-fleisch.de

Verwendete Literatur

- Günther-Arndt, Hilke / Zülsdorf-Kersting, Meik: Geschichtsdidaktik. Praxishandbuch für die Sekundarstufe I und II, Cornelsen Schulverlage GmbH, Berlin 2003
- Kobes Du Mez, Kristin: Jesus and John Wayne: How White Evangelicals Corrupted a Faith and Fractured a Nation. WW Norton & Copany, New York 2020
- Ricœur, Paul: Narrative Identität, in: Heidelberger Jahrbücher, Band 31, hrsg. v. Elmar Mittler, Springer, Berlin/Heidelberg 1987
- Schönemann, Bernd: Identität, in: Wörterbuch Geschichtsdidaktik, hrsg. v. Ulrich Mayer / Hans-Jürgen Pandel / Gerhard Schneider / Bernd Schönemann, Wochenschau Verlag, Frankfurt am Main 2006, S. 90–91
- Vecera, Sarah: Wie ist Jesus weiß geworden? Mein Traum von einer Kirche ohne Rassismus, Patmos Verlag, Ostfildern 2022

---

9 Zu empfehlen ist diesbezüglich: Vecera, Sarah: Wie ist Jesus weiß geworden? Mein Traum von einer Kirche ohne Rassismus, Patmos Verlag, Ostfildern 2022.

Tool: Mein Glaube, mein Leben

von Jason Liesendahl

In der systemischen Beratung hat sich die Timeline-Methode bewährt. Sie kann dabei helfen, die eigene Entwicklung zu veranschaulichen, Ressourcen wahrzunehmen und einen bewussten Blick auf die eigene Geschichte zu werfen. Es empfiehlt sich, diese Methode unter professioneller Begleitung durchzuführen. In der hier vorgestellten abgewandelten Form kann diese Übung auch allein umgesetzt werden und dabei helfen, die eigenen Verflechtungen von Glaube und Lebensgeschichte zu reflektieren. Bei derartigen Übungen ist es wichtig, dass du auf dich achtest. Der Blick in die Vergangenheit kann schmerzliche Erinnerungen wachrufen. Wenn du merkst, dass es dir mit der Übung gerade nicht gut geht, dann unterbreche sie und sorge für dich. Aus der eigenen Geschichte können allerdings auch Kraftquellen gewonnen werden. Dazu kann es helfen, den Fokus auf Ressourcen zu legen. Dies soll auch der Schwerpunkt dieses Tools sein.

Das Erstellen der Timeline

Die Methode gliedert sich in zwei Phasen: erstellen und reflektieren. Du findest eine Vorlage im Downloadbereich, die du dir auch vergrößert ausdrucken kannst. Die y-Achse gibt an, wie gut oder schlecht es dir ging bzw. geht (von +10 (sehr gut) bis -10 (sehr schlecht)). Die x-Achse stellt die Zeit dar. Dort trägst du verschiedene für dich wichtige Momente ein. Als Startpunkt gilt deine Geburt. Lass links davon Platz, um zu berücksichtigen, dass wir immer in einen Kontext hineingeboren werden. Der nächste Punkt verortet das „Hier und Jetzt". Lege danach einen Punkt weit rechts fest, der z. B. „Ich in dreißig Jahren" lauten könnte. Lass daneben noch Platz und markiere die offene Zukunft. Trage nun den Abschnitt ein, in dem Glaube für dich relevant wurde. Gehe mit der Aufmerksamkeit zu deiner Geburt zurück und benenne chronologisch Momente, Tage, Phasen, die dich geprägt haben. Zum Abschluss zeichnest du noch zwei farbige Linien ein: Die erste steht für deine Glaubensreise, die zweite für deine Lebensreise. Markiere, wie es dir zu den unterschiedlichen Zeitpunkten ging.

Reflexion und Ausblick

Im Anschluss hast du Gelegenheit, die Timeline zu reflektieren.

- Gibt es Stellen, an denen die beiden Linien besonders auseinandergehen / eng verlaufen? Was kannst du aus diesen Lebensphasen lernen?
- An welchen Stellen war Glaube für dich eine Ressource?
- Was hat dir noch geholfen, besonders herausfordernde Zeiten durchzustehen?
- Welche Stärken kannst du an dir erkennen? Was hast du alles gemeistert?
- Welche Menschen haben dich auf deiner Reise unterstützt? Wie bist du mit ihnen in Verbindung gewesen?

Nimm dir noch einen Moment und würdige, was du bislang geschafft hast. Schreibe nun Ressourcen und Stärken auf Klebezettel und klebe sie auf die Timeline. Zuletzt kannst du mithilfe folgender Fragen einen Blick in die Zukunft werfen:

- Welche Herausforderungen stehen für dich an?
- Was möchtest du in den kommenden dreißig Jahren erleben?
- Welche Schritte möchtest du als Nächstes gehen?
- Welche Ressourcen, auf die du in der Vergangenheit zurückgegriffen hast, kannst du dafür nutzen?

TOUR 2

von Tabea Wichern

Glühende Funken

„Wer Gott in seinem Leben hat, hat Vorteile." Das hat sich mir unter Einfluss frommer Muttermilch und Christopher Kirchenmaus[10] schon früh erschlossen. Da meine Eltern ihren Glauben in völliger Selbstverständlichkeit in den Alltag integrierten, war mein missionarisches Herz schnell on fire. So startete ich mit zehn Jahren meine eigene Kindergruppe – bestehend aus Kindern der Nachbarschaft – mit dem Ziel, Gottes Familie zu vergrößern. Für dieses Ziel rauchte ich im gleichen Alter auch meine erste Zigarette: Das war der Deal, damit mein Klassenkamerad Lukas mit zur Kinderbibelwoche kam.

„Alles geht in Arsch. Jesus bleibt."[11] prangte dann ein paar Jahre später auf meinem Collegeblock. Es begann die radikale Phase eines jesusverrückten Teenagers nach dem damals oft zitierten Motto: „Sei ganz sein, oder lass es ganz sein." Oder etwas drastischer ausgedrückt: „Entweder du brennst für Jesus, oder du brennst in der Hölle." Eine Zeit der platten Antworten, rigorosen Urteile und abgespulten Bibelverse. Meine Welt war „einfach gestrickt": Es gab böse, falsche sowie gute, richtige Fäden. Welchen Faden man wählte, zeigte, auf welcher Seite man stand, und bestimmte den Grad des Segens. So einfach war das. Rückblickend war diese Phase zwar einseitig und theologisch schräg, aber die kompromisslose Leidenschaft von damals hat Funken gesprüht, die bis heute glühen.
Ein solcher Funke war auch mein Mädchenhauskreis, den ich als Sechzehnjährige mit fünf Freundinnen gründete. Während wir von anderen liebevoll „die Hühner" genannt wurden, hatten wir genügend Selbstbewusstsein, uns „die Königstöchter" zu taufen. Wir waren neugierig und setzten uns gemäß „Prüfet aber alles und behaltet das Gute" (1. Thess 5,21 BB) mit Nachfolge und verschiedenen Arten, zu glauben, auseinander.

Wenn Glaube einem Jenga-Turm gleicht

Allerdings löste es in mir Irritationen aus, dass man etwas von der Bibel her begründen und dennoch zu unterschiedlichen Ansichten kommen kann. Ich wollte es genauer wissen und begann eine theologische Ausbildung, die einiges auf den Kopf stellte: Mein felsenfester, naiver Glaube war wie ein Jenga-Turm, der immer wackeliger wurde. Vielzitierte fromme Floskeln wurden wie locker sitzende Holzklötze von substanziellen theologischen Gegenargumenten herausgeschoben. Andere Klötze legten sich obendrauf, die neu und faszi-

---

10 Christliche Kinderbuchreihe: Davoll, Barbara / Hockermann, Dennis: Christopher Kirchenmaus und seine Familie, Gerth Medien in der SCM Verlagsgruppe GmbH, Asslar ²2020.
11 Aufkleber der Jesus Freaks.

nierend für mich waren: z. B. Exerzitien und geistliche Zugänge, die ich bisher verurteilt hatte. Ein paar Klötze, wie mein kindliches Gottvertrauen, waren hingegen so fest verankert, dass sie konstant trugen.

Nach und nach stellte ich fest, dass die Welt doch nicht so pauschal unterteilbar war, wie meine kleine Welt es vorgab. Ein Bild, das mein Dozent für Exegese oft verwendete, brannte sich mir nachhaltig ein: Widersprüche in der Bibel könnten positiv gesehen werden, denn zwischen zwei Polen spannt sich ein Raum auf. Dieses Bild half mir, vieles bisher Unverständliche und auch die verborgenen Anteile Gottes in eine Theologie zu integrieren, die die menschliche Lebenswirklichkeit ernst nimmt.

Fragen des Lebens und ein festes Fundament

Das Leben hat insbesondere mein Gottesbild oft laut hinterfragt und dort, wo es knechtend statt befreiend war, stellenweise sogar revidiert. Ein langfristig tragfähiger Glaube bedarf einer gesunden Theologie, denn dann kann ich mich entschieden an Zusagen festhalten – auch wenn ich es anders fühle. So wurde das Lied „Way Maker", insbesondere die Zeile „Even when I don't feel it, you're working"[12], in Zeiten, in denen Gott taub schien, zu einem Anker für mich. Heute ist die Architektur meines modifizierten Glaubensgebäudes durchdachter und weiträumiger und entwickelt sich fortwährend weiter – zuweilen mit der Sorge, ob zu viele abgerundete Ecken ein Anstoß für den Eckstein[13] sein könnten ...

Jede (Glaubens-)biografie hat ihre eigenen Phasen, ihr Tempo und ihre wiederkehrenden Themen. Eins meiner Themen ist Prioritäten. Ein Vers, der mich seit vielen Jahren in diesem Zusammenhang leitet, ist: „Trachtet zuerst nach dem Reich Gottes und nach seiner Gerechtigkeit, so wird euch das alles zufallen" (Mt 6,33 Lu). Ein populäres Lied drückt es so aus: „In troubled times it's you I seek. I put you first, that's all I need."[14] Diese Zeilen sang ich als Jugendliche lauthals mit, ohne zu ahnen, dass das, was ich da sang, ein paar Jahre später hart erprobt werden würde.

Wunder und Verunsicherung

Schon lange schlug mein Herz für den Osten Deutschlands. Die DDR-Geschichte, die Menschen und die Mentalität hatten es mir angetan, Filme über die DDR gehörten zu meinen Lieblingsfilmen. Aus Respekt vor den Auswirkungen, die vierzig Jahre Atheismus hervorgebracht hatten, war mein „Berufsstart-Deal" mit Gott: Schick mich gern dorthin, aber ungern allein. So wurde praktischerweise ein wundervoller junger Mann zu meinem Partner, dessen Heimat der Osten war.

---

12 Übersetzt: „Auch wenn ich es nicht spüre, bist du am Werk", Sinach: Way Maker, Mayolee, 2015.
13 Jesus gibt sich in Markus 12,10 als Eckstein zu erkennen.
14 Übersetzt: „In schweren Zeiten suche ich dich. Ich setze dich an erste Stelle, das ist alles, was ich brauche", Houston, Joel / Douglass, Jonathon: One Way, Hillsong Music Publishing, 2003.

Mit viel Elan startete ich eine Pilotstelle als Schuljugendreferentin in Südbrandenburg, während mein Freund in Dresden Psychologie studierte. In dieser Zeit erlebte ich Gott sehr spürbar. Wenn ich zurückblicke, staune ich über so viel Unerklärliches, was dort passierte. Schon der Beginn war bezeichnend: Man überließ mir eine alte DDR-Baracke, die neben einer weiterführenden Schule stand. Das schäbige Ambiente imponierte mir auf Anhieb, und vor meinem inneren Auge sah ich eine kleine Schulkirche. Da ich kein Budget hatte, lief ich mit charismatischem Mindset durch die Räume und betete förmlich Möbel hinein: „Hier soll eine Bar stehen, hier ein Altar. Hier Sitzgruppen, hier ein Kicker. Hier soll ein Raum der Stille sein. Hier ein Seelsorgeraum. Es werde Licht! Amen." Und es ward Licht. In den darauffolgenden Wochen füllten sich die Räume auf wundersame Weise. Eine zerbrochene Scheibe war über Nacht repariert worden. In Nullkommanix war der „freiRAUM – Gottes großes Wohnzimmer" geboren und wurde ein Stück Heimat für viele Teenager.

Während ich den Jugendlichen auf kreative Weise Räume ermöglichte, Gott kennenzulernen, schob sich im Hintergrund eine Wolke vor die Sonne. Mein Freund stellte zunehmend infrage, was ich tat und glaubte. Immer wieder trafen mich skeptische Ansichten und wissenschaftliche Kontras wie Speerspitzen. Seine kritischen Äußerungen gegenüber unserer – bis dahin gemeinsam vertretenen – Theologie verunsicherten mich und nagten an meinem theologischen Selbstbewusstsein. Ich fragte mich: Glaube ich zu naiv? Manipuliere ich die Jugendlichen? Wir diskutierten und rangen vergeblich um Konsens: von der Pascal'schen Wette über die Entstehung der Welt, Prädestination, Gottesbilder, Menschenbilder, Spiritualität, Weltanschauungen und Wahrheitsanspruch bis hin zu Mission und Auferstehung. Er distanzierte sich von alldem. Ich redete mir ein, es sei eine Phase. Gott würde sein Herz schon zurückgewinnen.

Große Dunkelheit

Vier Jahre später war davon weiterhin keine Spur. Nach einem gemeinsamen Auslandsjahr in Südafrika zogen wir nach Dresden. Ich hatte keine Kraft, mich ohne Rückhalt meines Partners erneut einem theologischen Arbeitsfeld zu stellen, so ging ich einen inneren Kompromiss ein: Ich begann einen Job in einer stationären Jugendhilfeeinrichtung. Zudem startete ich noch mal ein dafür benötigtes Studium. Ich nannte meinen Arbeitsplatz manchmal scherzhaft „Villa des Todes", weil mir täglich eine mächtige Schwere auf vielen Ebenen entgegenschlug. Mein kleines Licht kam trotz vieler Gebete nicht gegen diese große Dunkelheit an. Gott zeigte sich als nahbar, aber nicht verfügbar. Ich war frustriert und ausgebrannt.

Eines Tages fand ich mich aufgelöst am Küchentisch wieder und flehte Gott verzweifelt an. Mein Leben fühlte sich inkongruent an. Ich hatte mich verbogen, während ich mich verbissen an mein Bild von der Zukunft klammerte. Eine Seelsorgerin sprach mir in dieser Zeit folgenden, beinahe kitschigen Satz zu: „Mach Gott zur Zirkelspitze deines Lebens, dann wird alles andere rund werden." Eigentlich eine andere Übersetzung von: „Trachtet zuerst nach dem Reich Gottes und nach seiner Gerechtigkeit, so wird euch das alles zufallen (Mt 6,33 Lu). Vieles spitzte sich plötzlich zu auf die Fragen: Wer oder was hat Priorität in meinem Leben? Was ist meine Berufung? Alles in mir sehnte sich nach Stimmigkeit, und je mehr ich versuchte, einer Entscheidung zu entkommen, desto klarer wurde mir: Es gibt hier nur ein Entweder-oder.

Eine durchlebte Überzeugung

Gott führte mich. Zwar mitten durch die Wüste, aber er führte mich: Ich kündigte meinen Job, das Studium, die Wohnung. Ich ließ meine Vorstellung vom Leben los und wir beendeten schweren Herzens die Beziehung.

Das war hart und schmerzhaft und ist keine generelle Lösung für ähnliche Situationen! Gott schreibt mit jedem Menschen seine eigene Geschichte und hält sich auf unterschiedlichen Wegen an seine Zusagen. In meinem Fall stellte sich dieser rigorose Einschnitt als Bewahrung heraus und alles Weitere war mit unglaublichem Timing und Liebe vorbereitet: Eine neue Stelle, die meinem geistlichen Herzschlag entspricht, damit verbunden ein Umzug nach Kassel in eine gemütliche Wohnung am Feldrand. Mein Leben fühlt sich seither wieder stimmig an und ich bin am richtigen Platz. Für alles, was noch kommen wird, will ich vertrauen und glauben: Gottes Wege und Gedanken sind höher als meine (vgl. Jes 55,9). Der Vers hängt über meinem Bett, denn das ist meine tiefste, durchlebte Überzeugung.

Die Macht der Lieder

von Josef John

Lieder und das Singen an sich sind für mich als leidenschaftlichem Musiker und Lobpreis-leiter ein großes Geschenk, Zugang zu Gott und ein Aufatmen für die Seele! Und trotzdem lohnt sich auch immer mal wieder ein kritischer Blick!

Gerhard Tersteegen schrieb in seinem Lied „Gott ist gegenwärtig" folgende Textzeile: „Wir entsagen willig allen Eitelkeiten, aller Erdenlust und Freuden."[15] Man kann diese Liedzeile oder die ganze Strophe immer wieder in Gottesdiensten hören. Viele Menschen singen diese Strophe voller Leidenschaft, aber ergibt sie überhaupt Sinn? Sollen wir als Christin-nen und Christen allen Freuden entsagen?

In einem bekannten modernen Lobpreislied findet man folgende Textpassage: „I'm no lon-ger a slave to fear, I am a child of God"[16]. Ein Kind Gottes zu sein ist eine schöne Zusage, aber war ich wirklich mal ein Sklave der Angst? Oder anders gefragt: Sind alle Menschen, die nicht mit Gott unterwegs sind, Sklavinnen und Sklaven der Angst? Sind wir doch mal ehrlich: Nicht alle Menschen haben Panikattacken oder eine Angststörung. Denn das sind wirklich Menschen, die unter entsetzlichen Qualen leiden. Ich möchte diese Lieder nicht schlecht machen. Sie haben ihre Berechtigung in der christlichen Szene. Und trotzdem wird deutlich, dass wir nicht allen Aussagen solcher Lieder blind zustimmen sollten, nur weil sie Teil unseres Gottesdienstes sind oder in unserer Playlist auftauchen. Ich möchte es noch einmal anders formulieren: Nur weil jemand ein Lied über Gott schreibt, es sich gut singen lässt, positive Emotionen auslöst oder aus anderen Gründen Einzug in unsere Frömmigkeitskultur gehalten hat, heißt es nicht, dass es heilig und unantastbar ist. Wenn wir als Christinnen und Christen in unserem Glauben wachsen wollen, dann sind wir auch gerade an dieser Stelle herausgefordert, unseren Glauben und unsere Glaubenspraktiken zu reflektieren.

Die Kraft der Lieder

Warum aber haben Lieder eine so große Kraft? Einen spannenden Hinweis dazu liefert uns die Neurowissenschaft. Neurowissenschaftlerinnen und Neurowissenschaftler haben bei Experimenten herausgefunden, dass beim Singen und Hören von Musik deutlich mehr Hirnaktivität stattfindet, als wenn ein Mensch sich einen einfachen Wortvortrag anhört. Umgangssprachlich könnte man sagen, dass in unserem Gehirn eine Party stattfindet, wenn wir Musik hören und in gesteigerter Form, wenn wir singen. Wir bleiben noch kurz

---

15 Zitiert nach: www.jesus.de/liederschaetze/gott-ist-gegenwaertig.
16 Übersetzt: „Ich bin nicht mehr ein Sklave der Angst. Ich bin ein Gotteskind", David, Jonathan / Helser, Melissa: No longer Slaves, Bethel Music, 2015.

bei dem Bild von einer Party. Daran lässt sich ein weiterer Aspekt der Thematik gut beleuchten. Alle, die schon mal auf einer schönen Party waren, wissen, dass es nicht unbedingt darauf ankommt, ob es bei den Feierlichkeiten ein 3-Sterne-Menü mit vier Gängen gibt. Nein, es kommt mindestens genauso auf die Stimmung, die Gemeinschaft und die Emotionen an. Was hat das jetzt mit christlicher Musik zu tun?

Unser Gehirn ist so aufgebaut, dass es sich wunderbar auf Klänge und eine besondere Atmosphäre einlassen kann. Der Text eines Liedes kann bei den schönen Akkorden, der großartigen Stimme der Sängerin oder des Sängers und der erlebten Gemeinschaft beim Singen in den Hintergrund geraten. In dem Bild gesprochen kann der Text eines Liedes wie das Essen auf einer guten Party unter Umständen nebensächlich werden. Unser Gehirn speichert dabei nicht den unter Umständen problematischen Text des Liedes ab, sondern die positive Emotion. Kurz gesagt, unser Gehirn merkt sich: Das war schön und hat gutgetan. Jedes Mal, wenn wir dann ein Lied wieder hören, knüpft unser Gehirn an diese Vorerfahrung an, und so können Lieder zu einer wahren Kraftquelle werden. Es kann beispielsweise sein, dass uns ein konkretes Lied schon nach dem Hören der ersten zwei Akkorde aus einer tiefen Traurigkeit befreien kann. Musik ist etwas, was in erster Linie nicht nur über unser logisches Denken funktioniert, sondern auch über Emotionen. Dass wir als Christinnen und Christen singen, ist in unserer verkopften mitteleuropäischen Welt also ein großer Schatz! Es ist absolut nicht der Sinn dieses Kapitels, das Singen und die Lieder unseres Glaubens schlechtzumachen. Ganz im Gegenteil: Lieder zu singen kann beflügeln, in Notsituationen Kraft schenken, in die Gegenwart Gottes führen und noch vieles mehr! Aber das Potenzial unserer christlichen Musik kann sich nur wirklich sinnhaft für unseren Glauben entfalten, wenn wir uns mit den Inhalten der Lieder und ihrer Theologie kritisch auseinandersetzen.

Um die Herausforderungen nochmals genauer in den Blick zu nehmen und sie zu reflektieren, möchte ich einen Vergleich aus unserer Alltagswelt heranziehen. Alle, die schon mal verliebt waren, wissen, dass dieses Gefühl sehr hilfreich dabei ist, die Ecken und Kanten der anderen Person zu übersehen. Das, was mit Verstand betrachtet schnell sichtbar ist, kann von starken Emotionen verzerrt werden. Jedes Wort des Gegenübers klingt dann weise und klug. Jede Bewegung ist elegant und jeder Witz ist lustiger als alles jemals zuvor Gehörte. Die Emotion färbt die Wahrnehmung der Wirklichkeit. Das können wir auch auf die Musik übertragen. So kann sich ein theologisch sehr fragwürdiges Lied durch die richtige Melodie, das richtige musikalische Arrangement und der damit ausgelösten Emotion tief in unser Herz eingravieren. Wir bemerken dabei unter Umständen nicht, dass sich im Hintergrund ein ungesundes Gottesbild oder eine fragwürdige Theologie in uns festigt. Das lieb gewonnene Lied wird von uns als Wahrheit abgespeichert nach dem Motto: „Etwas, was so schön ist, sich so gut anfühlt und mir so guttut, muss wahr und richtig sein!" Das ist übrigens etwas, was sich generell in unserer Gesellschaft beobachten lässt. Wahrheit muss nicht unbedingt logisch sein, sondern sich in erster Linie richtig und gut anfühlen. Davor sind Christinnen und Christen nicht geschützt, und wir müssen anerkennen, dass auch Lieder dazu beitragen können, theologische Ansätze zu transportieren, die Menschen verachten, sie klein machen und emotional unter Druck setzen!

Die Bildsprache unserer Lieder

Werfen wir noch einen kurzen Blick auf die Bildsprache, die in einigen christlichen Liedern in unserer aktuellen Worship-Kultur verwendet wird. Meine Erfahrung als Lobpreisleiter zeigt, dass die ansprechende Melodie eines Liedes uns Texte und eine Bildsprache besingen lässt, die wir sonst ohne die tollen Klänge wahrscheinlich gar nicht benutzen würden. Oder bist du schon mal mutig vor einen Thron getreten[17] oder hast dich hingegeben „für den König, für sein Schwert, was den Feind das Fürchten lehrt"[18]?

Textpassagen, die eine außenstehende Person verwirrt zurücklassen können, werden von christlichen Hörerinnen und Hörern oftmals widerstandslos akzeptiert. Natürlich bringt jede Gruppierung und Strömung auch ihren eigenen Wortschatz mit, aber ich denke, dass es christliche Liedermacherinnen und Liedermacher manchmal auf die Spitze treiben. So verlieren die Texte im besten Fall ihre Alltagsrelevanz und den Bezug zur wirklichen Lebensrealität, und im schlimmsten Fall erzeugen sie missverständliche oder gar gefährliche Gottesbilder. Aber warum werden solche Bilder überhaupt unhinterfragt besungen? Ich denke, dass durch sie Sehnsüchte von uns bedient werden. Die Sehnsucht beispielsweise auf der Siegerseite und auf der Seite der Guten zu sein oder die Sehnsucht danach, zu einer Gemeinschaft dazugehören zu wollen.

Der Vertrauensvorschuss

Warum sind wir manchmal mit der Politik, mit unserer Gesellschaft, Kolleginnen und Kollegen und Vorgesetzten so kritisch und bei unseren christlichen Liedern nicht? Ich denke, es liegt an einem natürlichen Vertrauensvorschuss, den wir als religiös interessierte Menschen beispielsweise der Kirche, den geistlich prägenden Menschen und den spirituellen Formen schenken. Es ist sehr spannend, zu beobachten, mit welchem großen Vertrauensvorschuss Christinnen und Christen z. B. in einen Gottesdienst gehen. Man erwartet etwas Gutes, vielleicht sogar etwas Übernatürliches, Heiliges. Das ist grundsätzlich gut, und ich möchte das keineswegs kritisieren, denn Vertrauen ist die Basis dafür, dass wir Worte und Ereignisse an unser Herz lassen können. Aber Realität ist eben auch, dass die meisten Dinge in unseren Gottesdiensten von Menschen kreierte Elemente und daher nicht unfehlbar und uneingeschränkt heilig sind. Die Konsequenz kann also nur sein, dass wir die Dinge prüfen.

Ich erlebe in meinem persönlichen Umfeld einige Menschen, die sehr medienkritisch sind, Politikerinnen und Politiker scharf kritisieren und vieles generell infrage stellen. In ihrem Glauben aber sind sie sehr unkritisch.

Ohne in eine extrem skeptische, alles kritisierende Haltung zu geraten, ist es aber, denke ich, wichtig, das eigene Herz nicht immer blind und unreflektiert zu öffnen. Da, wo wir

---

17 Vgl. Urban Life Worship: Mutig komm ich vor den Thron, 2014.
18 Frey, Albert: Für den König, FREYKLANG adm. by Gerth Medien, Asslar 2006.

Menschen Kunst, Kultur und anderen Einflüssen zu viel Macht geben und unsere eigene Verantwortung des Nachdenkens abgeben, entsteht ein Nährboden für Missbrauch.

Du hast das Recht, zu Textzeilen und Liedern auch innerlich Nein zu sagen. Du hast das Recht, zu Predigten und theologischen Aussagen Nein zu sagen. Erlaube dir, Nein zu sagen, wenn du einen inneren Widerstand spürst oder Aussagen fragwürdig findest. Nimm dir ein Liederbuch, lies dir Texte durch und spüre in dich hinein. Bei welchem Lied oder bei welcher Textzeile spürst du ein Nein? Was stört dich daran? Geh diesen Gedanken auf den Grund. Was würden zentrale Bibelstellen, Freundinnen und Freunde, Christinnen und Christen aus einem anderen Kontext dazu sagen? Das Schöne am Neinsagen ist, dass dein Ja ein größeres Gewicht bekommt. Zu welchem Liedtext kannst du, nachdem du den Text für dich reflektiert hast, aus tiefstem Herzen Ja sagen? Höre dir dieses Lied an und nimm das Geschenk dieser Klänge an. Lass das Lied zu deinem Herzen sprechen. Vielleicht wartet ja Gottes Stimme in diesem Lied auf dich!

Gebet

Neben Liedern haben auch gesprochene Gebete ähnlich starken Einfluss und sind ein prägender Faktor für unseren eigenen Glauben. Ein gesprochenes Wort hat Macht. Das wird in unserem Alltag immer wieder sichtbar. Stell dir folgende Situation vor: Du bist seit Kurzem unglaublich verliebt. So kann ein Kompliment für eine neue Frisur von der Person, die du liebst, die Basis für einen selbstbewussten Tag sein. Das richtige Wort im richtigen Kontext von der richtigen Person kann eine unglaubliche Kraft entwickeln. Aber umgekehrt kann ein verletzendes Wort einen schönen Tag trüben, ja vielleicht sogar die eigene Identität infrage stellen. Es wird deutlich, dass Worte nicht nur den Verstand berühren, sondern schnell auch Zugang zu unseren Emotionen finden. Hier können wir eine starke Verbindung zu den Liedern erkennen: Gebet ist kein stumpfes christliches Ritual einer Aneinanderreihung von Wörtern, sondern kann eine tief prägende Kraft sein, die eine Verbundenheit mit Gott kreieren und die eigenen Emotionen und die eigene Identität tief berühren kann. Man könnte auch kurz zusammenfassen: Wer ernsthaft betet, der öffnet sein Herz.

Ähnlich wie Lieder sind auch Gebete fester Bestandteil unserer spirituellen Formen. Gebetet wird im Christentum in sehr vielfältiger Form. Dabei ist ein Punkt zentral: Eine Person, die laut vor oder für andere betet, hat Verantwortung und die Pflicht, das Gebet nicht zum Theologisieren zu missbrauchen. Natürlich kann ein Gebet nie frei von Theologie sein. Das, was ich im Gebet ausspreche, wie ich mit Gott rede, ist immer schon geprägt davon, wie ich über Gott denke und was ich für ein Bild von ihm habe. Das bedeutet im Umkehrschluss aber auch, dass wir bei verfassten Gebeten berücksichtigen sollten, dass dieser Mensch aus einer subjektiven Sichtweise heraus, mit einem subjektiven Gottesbild dieses Gebet geschrieben hat. Das hat zur Folge, dass ein Gebet, nur weil es an Gott gerichtet ist, nicht automatisch heilig oder unfehlbar ist. Es ist Menschenwort, das Ausdruck einer individuellen Beziehung eines Menschen zu Gott ist.

Auf der anderen Seite sind in der christlichen Szene auch andere Gebete zu entdecken, die wenig von einer tiefen Gottesbeziehung preisgeben. So kann man in manchen christlichen Gebetsgemeinschaften Gebete voller Floskeln erleben, die sich anfühlen, als ob sie leer und eher aus reiner Pflichterfüllung dahergesagt werden. Ich erlebe das in meinem Alltag als hauptamtlicher Mitarbeiter in der Kirche immer wieder und erschrecke teilweise über manche Gebetskulturen. Gebet ist Kommunikation und gelebte Beziehung. Wenn Floskeln aber die Basis eines Gesprächs sind und das Gespräch nur eine Pflichterfüllung ist, dann verliert es seine Tiefe, seine Kraft und letztlich das Potenzial einer wirklichen Gottesbegegnung. Wir sind als Glaubende herausgefordert, unsere eigene Gebetspraxis zu reflektieren, denn es ist schwer, von außen zu urteilen, was eine Floskel und was Ausdruck einer tiefen Gottesbeziehung ist. Wir müssen unsere Gebete prüfen, gerade wenn wir in der Verantwortung stehen, für und vor Menschen zu beten. Was sagen meine Gebete über mein Gottesbild aus? Welche Vorstellung von Gott hat eine andere Person, wenn sie meine Gebete hört? Was bedeutet mir eigentlich das Beten?

Bei allem kritischen Denken möchte ich deutlich machen, dass das öffentliche Gebet etwas anderes ist als das persönliche Gebet, denn da gilt es, Gott in aller Freiheit zu sagen, was uns bewegt, frei heraus!

Auf den Punkt gebracht

Christliche Musik ist etwas Geniales. Wir dürfen sie genießen, durch sie Gott begegnen und sie ist berechtigter Teil unserer christlichen Kultur. Trotzdem sind christliche Lieder menschengemacht und nicht unfehlbar. Lieder können uns mit ihrer Kraft auch zu ungesunden Gottesbildern führen und den Glauben behindern. Biblisch ausgedrückt gilt daher das Motto: „Prüft aber alles und das Gute behaltet" (1. Thess 5,21 Lu).

Tipps zur Vertiefung

* Faix, Tobias / Künkler, Tobias: Generation Lobpreis und die Zukunft der Kirche: Das Buch zur empirica Jugendstudie 2018, Neukirchener-Verlagsgesellschaft mbh, Neukirchen-Vluyn [2]2018
* Page, Nick / Malessa, Andreas: Lobpreis wie Popcorn? Warum so viele Anbetungslieder so wenig Sinn ergeben, R.Brockhaus Verlag im SCM-Verlag GmbH & Co. KG, Witten 2008
* Podcast: RefLab. Ausgeglaubt, Staffel zu christlichen Liedern, hier werden beispielsweise folgende Lieder besprochen: „Sei ein lebendger Fisch", „This little light of mine", „Amazing Grace", „Vater des Lichts" und „O Blut voll Haupt und Wunden", www.reflab.ch/category/podcasts/ausgeglaubt

Verwendete Literatur

- Gehirn & Geist: Die Macht der Musik. Wie sie auf das Gehirn wirkt, Ausgabe 3, Spektrum der Wissenschaft Verlagsgesellschaft mbH, Heidelberg 2021
- Jourdain, Robert: Das wohltemperierte Gehirn. Wie Musik im Kopf entsteht und wirkt, Spektrum Akademischer Verlag, Heidelberg 2009
- Spitzer, Prof. Dr. Dr. Manfred: Das musikalische Gehirn. Wie Musik auf uns wirkt, mvg Verlag, München 2021

Tool: Lieder meines Herzens finden

von Josef John

Dieses Tool bietet dir die Möglichkeit, anhand eines Fragebogens, den es auch als Download gibt, christliche Lieder zu reflektieren.

Du kannst den Fragebogen persönlich für dich nutzen, ihn aber auch innerhalb einer Gruppe anwenden. Wenn du musikalische Verantwortung in der Gemeinde oder anderswo hast, kannst du mithilfe der Fragen auch eine gezielte Liedauswahl für deine Veranstaltung treffen. Einige dieser Fragen eignen sich auch, um Gebete zu reflektieren. Wandle sie einfach dementsprechend ab. Rechne mit einigen Aha-Erlebnissen. Los geht's!

Was ist die Kernaussage des Liedes? Was möchte es ausdrücken?
Versuche, es in einem Satz zusammenzufassen:

_____

_____

Welche Aussagen macht das Lied über Gott / Jesus / den Heiligen Geist? Welche Eigenschaften schreibt das Lied Gott zu und wie wird sein Handeln in dem Lied geschildert?

_____

_____

Welche Theologie spiegelt diese Aussagen wider? Wird hier ein einseitiges Gottesbild vertreten? Wie kannst du das durch andere Lieder/Gottesbilder ergänzen?

_____

_____

Was sagt der Text über uns Menschen? Wird der Mensch als gut oder schlecht bewertet? Wird dem Menschen eine Rolle oder Aufgabe in dieser Welt zugeschrieben?

_____

_____

Wie findest du die Sprache des Textes? Kreuze an:

Alltagssprache   ☐1   ☐2   ☐3   ☐4   ☐5   Insidersprache

Würdest du dieses Lied einer Person vorspielen, die keinen Bezug zum Glauben hat?

Ja   ☐1   ☐2   ☐3   ☐4   ☐5   Nein

Begründe deine Entscheidung:

_____

_____

Welche der fünf Grundemotionen berührt das Lied in dir? Kreuze an:

☐ Angst   ☐ Wut   ☐ Trauer   ☐ Freude   ☐ Ekel

Welche Textpassagen findest du komisch oder wo würdest du gern widersprechen? Warum?

_____

_____

Welches Wort oder welcher Abschnitt löst in dir Positives aus? Warum?

_____

_____

von Björn Büchert

- Lass den Cartoon[19] auf dich wirken.
- Was nimmst du wahr?
- Was löst er in dir aus?
- Welches Bild von Jesus begegnet dir hier?
- Zu welchen biblischen Geschichten passt dieser Cartoon für dich?

Mit anderen Augen

von Dirk Farr

Biografie prägt Theologie

Ich bekenne: Ich bin in Süddeutschland aufgewachsen. Erst ohne christlichen Glauben, später mit. Die gute Nachricht für mich war: Jesus hat mir meine Schuld vergeben. Darum geht's ja im Evangelium: Sündenvergebung. Wusste schon Martin Luther. Später bin ich Glaubenden in Asien begegnet, deren gute Nachricht eine andere war: Sie konnten mit der „Schuldfrage" nicht viel anfangen, dafür umso mehr damit, dass Jesus ihnen die Angst nimmt und sie vor bösen Mächten schützt.

Woran erkenne ich denn nun den wahren christlichen Glauben? Was ist sein Kern? Was ist richtig? Und ab wann wird es falsch? Das sind knifflige Kernfragen in der Theologie. Besonders heute mit all den Umbrüchen, Aufbrüchen und Abbrüchen. Das kann verunsichern – zumindest geht es mir so. Und dann erzählte mir eines Tages ein Freund eine Geschichte der Christenheit.[20] Und ich musste schmunzeln – und aufatmen.

Kleine Geschichte der Christenheit

Stellen wir uns eine alte, gelehrte Weltraumreisende vor – vielleicht eine Forscherin für vergleichende interplanetarische Religionen. Immer wieder bricht sie zu Entdeckungsreisen auf, und alle paar Jahrhunderte besucht sie auch die Erde. Sie möchte die Praktiken, Gewohnheiten und Anliegen einer repräsentativen Auswahl von Christinnen und Christen beobachten. Dabei hat sie uns gegenüber den Vorteil, dass sie über die Jahrhunderte hinweg Stichproben sammeln kann.

Urgemeinde (37 n. Chr.)

Nehmen wir an, ihr erster Besuch gilt einer Gruppe Jerusalemer Christinnen und Christen, etwa 37 n. Chr. Sie stellt fest, dass sie alle Jüdinnen und Juden sind, die sich regelmäßig im Tempel treffen, den nur jüdische Menschen betreten dürfen. Sie bringen Tieropfer dar und legen am siebten Tag die Arbeit nieder. Sie beschneiden ihre Söhne, befolgen eine Reihe von Ritualen und lesen in den heiligen, jüdischen Schriften. Sie scheinen nur eine von mehreren „Konfessionen" des Judentums zu sein. Was sie von anderen unterscheidet, ist die Tatsache, dass sie die Gestalt des Messias, des Menschensohns und leidenden Gottes-knechtes mit dem jüngsten Propheten-Lehrer Jesus von Nazareth identifizieren. Er, so glauben sie, hat die Endzeit eingeleitet. Sie führen ein normales Familienleben mit einer überschwänglichen Vorliebe für große Familien mit engem Zusammenhalt. Unsere Beob-

---

20 Mein Freund wiederum hat die Geschichte aus: Walls, Andrew F.: The Missionary Movement in Christian History. Studies in the Transmission of Faith, T&T Clark, Edinburgh [13]2009.

achterin aus dem Weltraum nimmt das jüdische Gesetz und das fröhliche Befolgen dieser Ordnungen als ein Schlüsselmerkmal dieser frühen Glaubenden wahr.

Konzil von Nizäa (325 n. Chr.)

Ihr nächster Besuch auf der Erde findet 325 n. Chr. statt. Sie erlebt eine große Versammlung von Kirchenführern mit – das Konzil von Nizäa. Die Teilnehmer (alles Männer) kommen aus dem gesamten Mittelmeerraum und darüber hinaus, jedoch ist kaum einer von ihnen Jude. In weiten Teilen sind sie sogar eher judenfeindlich eingestellt. Sie sind entsetzt von dem Gedanken an Tieropfer. Wenn sie von Opfern sprechen, meinen sie eher Brot und Wein. Sie selbst haben keine Kinder, da von Kirchenführern nicht erwartet wird, dass sie heiraten. Die Ehe ist für die meisten von ihnen eher ein moralisch bedenklicher Zustand, die Beschneidung ein Verrat an ihrem Glauben. Den siebten Tag behandeln sie wie einen gewöhnlichen Arbeitstag: Zwar halten sie am ersten Tag der Woche besondere religiöse Rituale ab, verzichten aber nicht zwingend auf Arbeit oder andere Aktivitäten. Die hebräische Bibel der Jerusalemer Glaubenden verwenden sie in griechischen Übersetzungen. Viel wichtiger sind für sie eine Reihe von anderen Schriften, die zur Zeit der Jerusalemer Christinnen und Christen noch nicht einmal verfasst waren. Diese Schriften werden später „Neues Testament" genannt. Sie kennen die Titel „Messias", „Menschensohn" und „leidender Gottesknecht" gut. „Christus", die griechische Übersetzung von „Messias", ist inzwischen fast zum Beinamen für Jesus geworden, während die anderen kaum noch benutzt werden. Häufig nennen sie Jesus den „Sohn Gottes", den sie mit „Herr" anbeten.

Brennend diskutiert wird jedoch eine Wortgruppe, die in keiner der genannten Schriften zu finden ist. Die Debatte dreht sich darum, ob der Sohn „homo-oúsios" (griech. gleich) mit dem Vater ist oder nur „homoi-oúsios" (griech. ähnlich). Die vorherrschenden Faktoren, die der Beobachterin auffallen, sind, dass sich die Glaubenden zum Zweck des intensiven intellektuellen Hinterfragens mit Metaphysik und Theologie beschäftigen und sich bemühen, die genaue Bedeutung von präzisen Begriffen zu finden. Sie denkt an die Judenchristinnen und -christen im Tempel von vor fast drei Jahrhunderten – und wundert sich.

Irische Mönche (ca. 700 n. Chr.)

Drei Jahrhunderte später reist sie erneut zur Erde und entdeckt in Irland eine Reihe von Mönchen, die sich an der felsigen Küste versammelt haben. Einige stehen bis zum Hals im eiskalten Wasser und sagen Psalmen auf. Andere stehen unbeweglich da und beten mit ausgestreckten Armen in Form eines Kreuzes. Einer erhält sechs Peitschenhiebe, da er beim Tischgebet nicht „Amen" gesagt hat. Wieder andere fahren mit einem kleinen Boot bei zweifelhaftem Wetter mit einer Kiste schöner Manuskripte los, um sie auf den Inseln im Firth of Clyde zu verteilen. Dort fordern sie die Einheimischen auf, ihre Verehrung für Naturgötter aufzugeben und ihre Freude in einem zukünftigen himmlischen Reich zu suchen. Manche sitzen auch ganz allein in dunklen Höhlen am Meeresufer und meiden den Kontakt zu Menschen.

Unsere Entdeckerin erfährt, dass diese schönen Manuskripte Versionen derselben heiligen Schriften sind, die auch die griechisch sprechenden Christinnen und Christen verwendet haben. Sie stellt fest, dass die Iren dieselbe Formel verwenden, die sie 325 n. Chr. in Nizäa gehört hat. Das überrascht sie, da diese Mönche sich ansonsten weder für Theologie noch Metaphysik zu interessieren scheinen. Stattdessen bemerkt sie ein Streben nach Heiligkeit und eine heroische Entbehrung auf der Suche danach.

England (vor knapp 200 Jahren)

Unsere Raumfahrerin verschiebt ihren nächsten Besuch bis in die 1840er-Jahre und landet in London. In der Exeter Hall erlebt sie eine große, sichtlich erregte Versammlung mit. In den Reden geht es darum, wie Christentum, Gemeinschaft und Zivilisation in Afrika gefördert werden können, da durch Jesus Vergebung von Schuld möglich sei. Das wünschen sie allen. Sie schlagen vor, mit Bibeln und Baumwollsamen ausgestattete Missionarinnen und Missionare nach Afrika zu schicken – eine Entfernung von über 4.000 Kilometern, um diesen Prozess einzuleiten, sowie eine Delegation zur britischen Regierung zu schicken: Die Sklaverei muss abgeschafft werden.

Die Treffen beginnen mit einer Lesung aus demselben Buch (in englischer Übersetzung), das auch die anderen Glaubenden benutzten, ständig wird es zitiert. Auch das Glaubensbekenntnis von Nizäa wird von den meisten fraglos akzeptiert. Wie die Iren verwenden sie das Wort „heilig" recht häufig. Aber sie sind entsetzt über die Vorstellung, dass Heiligkeit damit verbunden sein soll, im kalten Wasser zu stehen, und lehnen die Idee eines einsamen Lebens in Höhlen ab. Während die irischen Mönche versuchten, mit so wenig wie möglich auszukommen, sind die meisten dieser Gruppe wohlgenährt. Was die Entdeckerin beeindruckt, ist ihr Aktivismus und die Art, wie sie ihre Religion in alle Bereiche des Lebens und der Gesellschaft einbeziehen.

Nigeria (fast schon heute)

Es ist das Jahr 1980, als die Reisende wieder auf der Erde vorbeikommt. Diesmal in Lagos, Nigeria. Eine Gruppe in weißen Gewändern tanzt auf dem Weg zur Kirche. Singend teilen sie allen mit, dass sie Cherubim und Seraphim sind. Sie laden die Menschen ein, um in ihren Gottesdiensten die befreiende Macht Gottes zu erleben und erklären, dass Gott Botschaften für bestimmte Personen hat und seine Macht durch Heilung demonstriert werden kann. Sie lesen dasselbe Buch wie die Menschen aus der Exeter Hall und zitieren daraus. Zeigt man ihnen das Bekenntnis von Nizäa, akzeptieren sie es. Besonderes Interesse daran haben sie jedoch nicht. Sie scheinen nicht mehr klar zu trennen zwischen dem göttlichen Sohn und dem Heiligen Geist. Politisch sind sie nicht aktiv. Sie fasten wie die Iren, jedoch nur zu bestimmten Anlässen und für bestimmte Zwecke.
Das Merkmal, das der Reisenden am stärksten hängen bleibt, ist, dass sich die Menschen sehr damit beschäftigen, wie das Evangelium seine Kraft in Predigten, Lobpreis und Wundern zeigt und sie vor bösen Mächten schützt.

Und bei dir und mir heute?

Zurück in ihrer planetarischen Heimat überlegt sie, wie sie die Phänomene ordnen kann. Was hat sie beobachtet? Alle fünf Gruppen bezeichnen sich als Christinnen und Christen. Doch die Anliegen scheinen sehr unterschiedlich zu sein. Das, wonach die eine Gruppe strebt, scheint für eine andere verdächtig oder sogar abstoßend zu sein. Selbst Jesu Tod am Kreuz wird unterschiedlich gedeutet. Dabei steht jede dieser Gruppen für eine typische

Ausprägung des christlichen Glaubens in ihrer Zeit. Doch handelt es sich bei ihnen allen wirklich um Christinnen und Christen? Oder sollte Gilbert Murray recht haben, dass Christinnen und Christen des 3., 13. und 20. Jahrhunderts weniger gemeinsam haben als Katholikinnen und Katholiken, Pfingstlerinnen und Pfingstler und Lutheranerinnen und Lutheraner?[21]

Unsere Forscherin entdeckt jedoch auch Verbindendes. In all den unterschiedlichen Aussagen dieser Gruppen gibt es Themen, die unveränderlich sind:

*   Jesus, der Christus genannt wird, hat zentrale Bedeutung.
*   Alle benutzen dieselben heiligen Schriften (Bibel).
*   Alle benutzen Brot, Wein und Wasser auf besondere Art (Abendmahl und Taufe).
*   Jede Gruppe sieht sich mit den anderen verbunden. Und das, obwohl sie sich zeitlich, örtlich und auch von ihren Hauptanliegen stark unterscheiden.
*   Wobei: Auch ihr Hauptanliegen hat etwas Verbindendes: Sie alle verstehen sich als Gesandte von Jesu Christi. Mit einem Auftrag in ihrer Umwelt.

Die befreiende Entdeckung für dich und mich: Was am Evangelium für uns wichtig und bedeutend ist, wurde stark durch unser bisheriges Leben und Umfeld geprägt. Das ist häufig auch gar nicht schlimm. Die Frage, ob es im Evangelium um Schuld und Vergebung, Scham und Annahme oder Angst und Schutz geht, ist keine Frage des Entweder-oder. Es sind drei Gesichter des Evangeliums.[22] Vielleicht war in einer Lebensphase die Vergebung durch Jesus für dich prägend, vielleicht wird in einer nächsten die Annahme durch ihn wichtiger. Dann ist das so. Das macht weder die Vergangenheit noch die Zukunft „falsch". Deine Entdeckungsreise wird weitergehen. Das Verbindende bleibt: Jesus, der Christus.

Auf den Punkt gebracht

Was ist der Kern des christlichen Glaubens über Raum und Zeit hinweg? Ich schlage mal eines der ältesten christlichen Bekenntnisse vor: ICHTHYS (griech. Fisch): Die einzelnen Buchstaben stehen für: Jesus, Christus, Sohn Gottes, Erlöser. Das sind für alle Zeiten verbindende Kernmerkmale christlicher Überzeugungen gewesen. Unverhandelbar.
Bei vielem anderen zeigt die Geschichte, dass man diskutieren darf und gern auch soll. Aber dann geht es vielleicht doch um „zweitwichtigste" Fragen. Und für dich und mich gilt: In Liebe und Wertschätzung miteinander ringen. Und im Hinterkopf behalten: Vielleicht entdecke ich ja gerade etwas, das für mich neu, aber nicht unbedingt falsch ist. Bleib neugierig! Versuche die Welt mit den Augen deiner Mitchristinnen und Mitchristen zu sehen und zu verstehen. Auf dass wir immer mehr entdecken von diesem Gott, der größer ist als alle Vernunft.

---

21 Zitiert nach: Walls, Andrew F.: The Missionary Movement in Christian History. Studies in the Transmission of Faith, T&T Clark, Edinburgh [13]2009, S. 6.
22 Wenn du dazu mehr wissen willst, höre dir die Podcast-Reihe „3 Gesichter des Evangeliums" von Jens Stangenberg an.

Tipps zur Vertiefung

- Faix, Tobias / Reimer, Johannes: Die Welt verstehen. Kontextanalyse als Sehhilfe für die Gemeinde, Francke-Buch GmbH, Marburg 2012
- Georges, Jayson: Mit anderen Augen. Perspektiven des Evangeliums für Scham-, Schuld- und Angstkulturen, Neufeld Verlag, Cuxhaven 2018
- Hiebert, Paul: Kultur und Evangelium. Schritte einer kritischen Kontextualisierung, VLM, Bad Liebenzell 2005
- Podcast: 3 Gesichter des Evangeliums, www.jensstangenberg.de/podcast/3-gesichter-des-evangeliums

Verwendete Literatur

Walls, Andrew F.: The Missionary Movement in Christian History. Studies in the Transmission of Faith, T&T Clark, Edinburgh [13]2009

Tool: Erkundungen in einem „Achtsamen Gespräch"

von Katharina Haubold

Dieses Tool hilft dabei, sich die eigenen unbewussten Glaubensüberzeugungen zu vergegenwärtigen, und ist an den Ansatz der „Denkräume" (Thinking Environment) angelehnt. Eine Person oder Gruppe (A) „ermöglicht" einer anderen Person (B) einen „Denkraum". Durch die Art und Weise, wie A zuhört und Fragen stellt, wird B geholfen, eigene Gedanken zu formulieren und sich unbewusster Ideen und Überzeugungen bewusst zu werden und ggf. neue Gedanken zu entwickeln. Für die Denkräume nennt Nancy Kline zehn entscheidende Komponenten[23]:

- **Aufmerksamkeit:** Zuhören mit Respekt, Interesse und Faszination, nicht unterbrechen.
- **Prägnante Fragen:** Einschränkende Annahmen sichtbar machen und unvoreingenommen denken.
- **Gleichheit:** Begegnen auf Augenhöhe, egal ob das Alter, das Wissen usw. ungleich sind.
- **Wertschätzung:** Den anderen als Person ehrlich wertschätzen und das mit Mimik und Augenkontakt zeigen, auch wenn den Gedanken vielleicht nicht zugestimmt wird. Es gibt kein „Richtig" oder „Falsch".
- **Gelassenheit:** Sich Zeit nehmen, Pausen und Stille zulassen.
- **Ermutigung:** Es geht nicht darum, wer besser ist. Neugierig auf die Ideen des Gegenübers sein, ohne sie zu bewerten.
- **Gefühle:** Alle Gefühle, die da sind, sind willkommen. Sie dürfen sein und zugelassen werden.
- **Information:** Zur richtigen Zeit können Informationen helfen, „weiter zu denken".
- **Ort:** Sich an einem Ort treffen, der widerspiegelt: „Du bist wichtig."
- **Diversität:** In Gruppen erhöht Unterschiedlichkeit das Potenzial der Denkfähigkeit der Gruppe.

Die Idee dieses Tools ist es, dass eine Person oder Gruppe einer anderen Person so zuhört, dass die zehn Komponenten zum Tragen kommen. Diese könnten auch mit einer „inneren Haltung" beschrieben werden. Es ist entscheidend, sie einzuüben. Oft sind Menschen und Gruppen es nicht gewohnt, einander auf diese Art und Weise zuzuhören. Gerade der Aspekt, dass eine Person lange am Stück redet und ermutigt werden soll, ihre eigenen Gedanken „bis zum Ende" zu formulieren, ohne unterbrochen zu werden und ohne, dass die Zuhörenden währenddessen darüber nachdenken, was sie als Nächstes sagen könnten, ist oft ungewohnt. Aber es ermöglicht der „denkenden Person", ganz bei sich zu sein. Die Gewissheit, nicht unterbrochen zu werden, setzt die Möglichkeit frei, den eigenen Gedanken viel Raum zu geben. Der folgende Ablauf liegt auch als Download vor.

---

[23] Kline, Nancy: Time to Think. Zehn einfache Regeln für eigenständiges Denken und gelungene Kommunikation, Rowohlt Verlag, Hamburg [5]2022, S. 45.

Ablauf

1. Macht euch mit den Komponenten der Denkräume vertraut. Bei Gruppen könnten diese gut sichtbar im Raum (einem Ort, der Wertschätzung ausdrückt) hängen. Klärt ggf. Rückfragen und besprecht den Ablauf.

2. Eine Person (B) benennt, worüber sie gern in Bezug auf ihren Glauben nachdenken will. Das könnten z. B. folgende Fragen sein:

» Wie stelle ich mir Gott vor? Welche Eigenschaften hat er/sie?

» Wie denke ich, kann man Gott „begegnen"?

» Was denke ich darüber, meinen Glauben mit anderen zu teilen?

» Welche Bedeutung hat Gott in meinem Leben?

» Warum ist der Tod und die Auferstehung Jesu für mich (nicht) wichtig?

» (Warum) sollte man beten?

Verabredet außerdem, dass ihr vertraulich mit dem Gesagten umgeht und es danach nur wieder ansprecht, wenn B das explizit möchte.

3. Nun beginnt B zu erzählen, was sie/er zu dieser Frage denkt. Wenn Pausen entstehen, werden diese abgewartet. Eventuell fragt eine Person: „Was möchtest du noch ergänzen?" Wenn B deutlich macht, dass die eigene „Denkwelle" vorbei ist, kann eine prägnante Frage gestellt werden, die B dazu anregt, das Thema zu vertiefen (z. B. „Wie genau stellst du dir xy vor?" „Was bedeutet es für dich, dass du xy glaubst?"). Entscheidend ist, dass die Aussagen von B nicht bewertet werden. Nach einer verabredeten Zeit (z. B. 30 Minuten) beendet ihr die Denksitzung damit, dass ihr einander etwas Wertschätzendes sagt. Unter Umständen ist es hilfreich, dass B Zeit hat, aufzuschreiben, was ihr/ihm bewusst geworden ist.

Angelehnt an: Miketta, Marion: Thinking Environment.
Denkräume schaffen in Coaching und Beratung, Junfermann, Paderborn 2018, S. 115.

Dein spiritueller Zugang

von Tabea Richardson

Wie hat sich deine Spiritualität entwickelt?

Vielleicht geht es dir wie mir und du bist in einem evangelischen Elternhaus aufgewachsen, hast die Jungschar besucht und dann später selbst mitgestaltet. Vielleicht hat man dir wie mir schon zu Grundschulzeiten beigebracht, Merkverse auswendig zu lernen, ein Andachtsbuch zu benutzen, dich in sogenannten Gebetsgemeinschaften einzubringen und während der Singzeiten à la Wunschkonzert bestimmte Liedernummern in den Sitzkreis zu rufen. Ich freue mich über dieses etwas verstaubte geistliche Erbe. Besonders froh bin ich darüber, dass ich in Kindheitstagen so fleißig Bibelverse gelernt habe, auch wenn es mir damals natürlich nur ums Punktesammeln ging. Dennoch würde ich heute eher nicht mehr davon sprechen, eine Gebetsgemeinschaft „zu machen", in der wir oft einfach das Gebet der Person wiederholen, die vor uns gebetet hat. Ein bisschen Ironie ist bei der eigenen Geschichte erlaubt. Wie war deine Geschichte? Und kannst du heute auch darüber schmunzeln?

Natürlich ging meine Geschichte noch weiter. In den letzten zwanzig Jahren hatte ich das Glück, geistliches Leben nicht nur in ganz unterschiedlichen christlichen Gemeinden, sondern auch in verschiedenen Ländern kennenzulernen. Nicht selten bedeutete dies, Unbekanntes zuzulassen oder auch mal einen peinlichen Moment auszuhalten. Noch heute bin ich kein Fan davon, mitten im Gottesdienst den Raum zu durchkämmen und Fremden den „Frieden Gottes" zuzusprechen. Mit diesem anglikanischen Friedensgrußritual ist mein Mann aufgewachsen, vielleicht hat er es darum bis heute gern. Ich bin auch nur wenig motiviert, eine Pastorin zehnmal pro Predigt mit einem lauten „Amen, Halleluja!" zum Weitermachen zu animieren. Zu solchen Bestätigungsrufen wird man manchmal in Pfingstgemeinden animiert. Wenn ich sonntags in meinem eigenen Gottesdienst sitze, weiß ich von einigen, die es komisch finden, wenn die Orgel das „Ehr' sei dem Vater und dem Sohn" anstimmt. Mir dagegen macht diese Wechselbeziehung in der Gottesdienstliturgie der Evangelischen Landeskirche Spaß.

Manchmal bezweifele ich, dass unsere Befindlichkeiten, Vorzüge und Gewohnheiten beim Thema Glaubensgestaltung wirklich etwas bedeuten. Aber wenn nicht, woher kommt es dann, dass wir in manchen Situationen immer noch eine Art Verunsicherung oder Verklemmtheit erleben, z. B. wenn es darum geht, ob wir beim Singen aufstehen und die Hände hochheben oder eben nicht?

Individuell zu Jesus

Wenn wir von geistlichen Zugängen reden, dann meinen wir die Zugänge, die jede und jeder Einzelne zu Gott hat. Eigentlich sollte das doch jeder Person selbst überlassen sein, oder? Der englische Gründer der 24/7-Gebetsbewegung, Pete Greig, drückt diese Individualität in unserer Spiritualität so aus: „Die Art und Weise, wie wir Gott reden hören, hat nicht in erster Linie mit Theologie, sondern mit Psychologie zu tun. Sie hängt davon ab, wie unsere Neurotransmitter gelernt haben, Daten zu empfangen und zu verarbeiten – das variiert von Person zu Person."[24] Also haben unsere Möglichkeiten und Vorlieben dessen, wie wir Gott erfahren, ganz eng damit zu tun, wie wir gestrickt sind, mit unserer Persönlichkeit, Geschichte und Prägung. Dies gibt uns zunächst eine riesige Freiheit, Dinge auszuprobieren. Eine bestimmte Spiritualität wird von der Bibel her nicht festgelegt oder vorgeschrieben. Höchstens etwas eingegrenzt, aber dazu später mehr.

Aber bei so viel Freiheit kann eine geistliche Standortbestimmung schnell auch mal überwältigen. Deshalb will ich in diesem Beitrag eine kleine Zugangsmatrix entwickeln, die wir wie eine Art Schlüssel nutzen können.

Halten wir einmal fest, dass ein geistlicher Zugang darin besteht, mit Gott in spürbarer Beziehung zu stehen, sodass sie einen Ausdruck in unserem Innern und auch in unserem Umfeld findet. Und dass diese Art Beziehungsfähigkeit von Gott nicht nur längst in uns angelegt ist, sondern zuallererst in seinem Wesen und demzufolge auch in seiner Schöpfung liegt. Dann folgt daraus, dass Gott sich wünscht, dass sein Wesen, seine Schöpfung und Prinzipien mit unserem Wesen, unserer Geschichte und unseren Möglichkeiten, uns ihm gegenüber auszudrücken, deckungsgleich sind. Im Umkehrschluss bedeutet dies, dass es keinen Lebensbereich gibt, der nicht von Gott dazu angelegt ist, dass wir dort zu ihm Zugang finden können.

Gottes Wesen

Gottes Wesen drückt sich in verschiedenen Lebens- und Gesellschaftsbereichen anders aus, aber hinter seiner Beziehungsfähigkeit mit uns steht immer die Liebe, die er uns entgegenbringt. Aus ihr entspringt seine Vergebung, die uns ein für alle Mal zur Verfügung steht und die es gilt, aktiv fassen zu lernen. Auch seine Demut, dass er kam, um zu dienen, sich uns aber auch nicht aufdrängt, ist ein Ankerpunkt seines Wesens. Die Autorin Anne Fleck beschreibt die Unaufdringlichkeit Gottes so: „Gott spricht dauernd zu uns, nur zieht er einen dabei nicht am Handgelenk, sondern flüstert ins Ohr und zeigt vorsichtig in eine Richtung."[25] Auf der anderen Seite gehören auch seine Heiligkeit, Macht und Souveränität zu den Wesenszügen, die wir erkunden dürfen.

---

24 Übersetzt nach: Greig, Pete: How to hear God. A Simple Guide for Normal People, Zondervan, Grand Rapids 2022, S. 20.
25 Fleck, Anne: Zartheit und Krawall. Oder: Essays über die unverschämte Hoffnung, die mich der Tod meiner Herzensfreundin lehrte, Fontis Media GmbH, Basel 2022, S. 72.

Gottes Schöpfung

Gottes Schöpfung drückt sich nicht nur in der Schönheit der Natur aus, sondern z. B. auch in den Rhythmen des Tages und der Nacht, der Wochen, Monate und Jahre, aber auch darin, dass er uns einen Körper gegeben hat, der diesen Naturgesetzen gern folgen will, wenn wir es zulassen. Daraus folgt wiederum, dass Zeiten der Ruhe und Regeneration und des Feierns besonders dafür prädestiniert sind, eine Nähe zwischen ihm und uns herzustellen. Nicht umsonst hat er gesagt, dass der Sabbat ein Tag für ihn ist.

Gottes Prinzipien

Als Menschen haben wir unterschiedliche Vorstellungen von Ruhe, Regeneration und „Party machen". Aber sie gehören definitiv in Gottes Schöpfung, deren Ordnung und damit in Gottes Beziehungs-Werkzeugkoffer. Wir dürfen allerdings für uns herausfinden, wann ein Spaziergang im Wald, ein gutes Buch, ein Gespräch mit einer lieben Person oder eine Session an der Kletterwand uns innerlich zur Ruhe bringen. Auch das Feiern von Festen, also wichtige Momente miteinander und vor Gott anzuerkennen, ist ebenso individuell wie universell. Weitere Prinzipien, die die Bibel unserer Spiritualität zuschreibt, sind Dankbarkeit und das Abendmahl. Im Alten Testament wird deutlich, dass Dankbarkeit immer ein Ausdruck einer gesunden Beziehung zu Gott ist – was echte Klage keineswegs ausschließt. Dankbarkeit kann sich so ausdrücken, dass Gebetszeiten mit Danksagung beginnen. Aber auch ein dankbarer Lebensstil kann verschiedene Ausdrucksformen finden und uns so auch unbewusst unserem Schöpfer näher bringen. Manche führen ein Dankbarkeitstagebuch, andere feiern im Herbst ein besonderes „Thanksgiving". Auch das Klagen darf und soll vor Gott Raum finden. Wir wissen es: Unterdrückte Emotionen können uns auf lange Zeit beeinträchtigen. Natürlich gehören alle Gefühle in eine gelebte Gottesbeziehung. Wie kann das für dich aussehen?

Abendmahl zu feiern nenne ich deshalb ein Prinzip Gottes, weil es eine direkte Anweisung Jesu ist, die er uns für die Zeit vor seiner Rückkehr mitgab (Lk 22,19-20). Aber es gibt viele Vorstellungen davon, was ein Abendmahl ist: eine traditionelle Eucharistiefeier, wo Brot und Wein nur vom Pfarrer ausgeteilt werden dürfen, ein festliches, gemeinsames Essen, bei dem sich konkret an Jesu letztes Mahl erinnert wird oder eine rustikale Runde, wo alle im Schneidersitz dasitzend das Brot brechen und weitergeben.

Spiritualität formt unsere Identität

Wie auch immer wir uns entscheiden, auf das Wesen Gottes innerhalb seiner Schöpfung und mithilfe der Prinzipien zu antworten: Es macht etwas mit uns. Der Theologe James K. A. Smith wirbt dafür, dass wir uns ganz klar darüber werden, wie uns unser Glaubensleben – oder dessen fehlender Ausdruck – als Personen formt. Ihm zufolge beten wir als Menschen unweigerlich etwas an, und unser Lebensstil ist immer auch eine Liturgie dessen, was wir am meisten begehren. Deshalb animiert er uns dazu, ein geistliches Leben zu führen, in dem wir wiederkehrende Rituale, vor allem mit gemeinschaftlichen Zeiten wie z. B. im Gottesdienst, bewusst verankern. Es ist ein Ausdruck unserer Entscheidung, wenn wir uns auf das Wesen und die Werte Gottes ausrichten, selbst wenn wir im Alltag von einer Kultur eingelullt werden, die diese Werte nicht verkörpert. Solche Rituale sind entscheidend für unser Geformtwerden als Menschen. Dieses Verständnis von gemeinschaftlicher Spiritualität animiert mich dazu, dranzubleiben, auch wenn es manchmal anstrengend ist.

Auch hier können die Zugänge so verschieden sein, wie wir Menschen selbst. Was hilft dir dabei, Jesus besser kennenzulernen? Bei mir war es von Jugend an die Mitarbeit in der Gemeinde. Die Kirche hat bei mir einfach einen Stein im Brett. Aber „Gemeinschaft der Heiligen"[26] zu leben hat so viele Ausdrucksformen: Musikalität, Bewegung, Naturerfahrungen, nicht zuletzt auch Arbeit. Sie alle haben das Potenzial, unsere Gottesbeziehung zu intensivieren. Oftmals haben Prägungen und Vorlieben aus Kindheitstagen einen besonderen Wiedererkennungswert in unserem geistlichen Leben.

Andererseits können Prägungen uns auch resistent dafür machen, durch Gottes Geist geformt zu werden. Als ich in den frühen 2000ern öfter zu einer experimentellen Jugendkirche ging, hieß die Predigt einmal „Erweitere deine Identität". Der Prediger sprach in diesem Zusammenhang von unseren Vorlieben und Abneigungen beim Essen. Statt starr bei dem zu bleiben, was wir schon immer mochten, empfahl er, dass wir uns regelmäßig etwas Neues zutrauen. Ich kenne mehr als nur eine Person, die für ihre Abneigung gegen bestimmte Gerichte oder Gemüsesorten bekannt ist. Die Abneigung wurde Teil ihrer Identität. Dasselbe kann uns in unserer Spiritualität passieren. Wir können bekannt dafür werden, womit wir nicht klarkommen. Aber ist das wirklich etwas, was wir zu unserer Identität machen wollen? Vielleicht kann ich dich ermutigen, einmal einen neuen Frömmigkeitsstil auszuprobieren, um dich und deine Identität zu erweitern. Wie wäre es mit einem kontemplativen Ansatz, z. B. der Lectio Divina (s. www.lectiodivina.de und Kapitel „Tool: Wie üben wir einen Safe Space beim Bibellesen ein?"), einer Lesart der Bibel, die helfen kann, sie sowohl systematisch-theologisch als auch persönlich und praktisch zu verstehen? Oder Symbolhandlungen, wie es sie in der Orthodoxen und Katholischen Kirche gibt und die uns helfen können, die Geheimnisse des Glaubens besser in unsere materielle Welt zu übersetzen?

Deine Spiritualität ist keine Privatsache

Bei all der Reichweite dessen, wie wir mit Gott in Verbindung treten können, fällt es vielen Menschen dennoch schwer, diese Freiheiten auch anderen zuzugestehen. Schon in den Evangelien wird das deutlich. Zugang zu Jesus wird hier oftmals als eine Art Kampf oder Grenzüberschreitung erlebt, die bei den Umstehenden nicht beliebt war. Es gibt in seiner Geschichte einige Menschen, die sich besondere Zugänge zu ihm verschafften. Zachäus, der kurz gewachsene und verhasste Zöllner, kletterte auf einen Baum, um etwas zu sehen. Bartimäus, der nicht sehen konnte, schrie sich die Seele aus dem Leib, um gehört zu werden. Die namenlose „blutflüssige" Frau, die niemand anfasste, nahm all ihren Mut zusam-

26 www.ekd.de/Apostolisches-Glaubensbekenntnis-10790.htm.

men und berührte Jesus scheinbar unbemerkt und doch mit großer Wirkung. Dass Jesus jede dieser „Zugangsbeschaffungen" ehrte, ist eine Tatsache, die uns manchmal beinahe selbstverständlich erscheint.

Dabei übersehen wir vielleicht, dass in dieser Wertschätzung auch die Warnung davor steckt, andere zu verurteilen (vgl. Mt 7). Nicht nur, weil es etwas mit der Atmosphäre macht, sondern auch mit uns selbst. Menschen, die verurteilen, stolpern in Fallen, die sie selbst nicht bemerken. Dumme Sache also. Wenn andere ihre Spiritualität auf eine Art und Weise ausleben, die uns stört, gibt es dafür vielleicht einen tieferen Grund, der gar nichts mit der Sache selbst zu tun hat. Zwar spricht Jesus durchaus davon, dass wir unsere geist- lichen Sensoren einsetzen sollen, wenn wir anderes kennenlernen: „An ihren Früchten sollt ihr sie erkennen" (Mt 7,16a Lu). Sprich, wir brauchen nicht blind alles gutheißen, schon gar nicht, wenn es Menschen schadet. Klar ist, Spiritualität hat einen äußeren Ausdruck, der sich auf andere auswirkt. Es gibt die Option „Das geht die anderen nichts an" auch in unserer Spiritualität nicht, weil wir uns gemäß des Neuen Testamentes als ein Leib Christi verstehen. Auch Paulus richtet sich in den meisten seiner Briefe an Gemeinden und nicht an Einzelne. Vielleicht gibt dir dieser Blick auf die Notwendigkeit geistlicher Einheit auch eine neue Barmherzigkeit dafür, dass in manchen Gemeinden seit Jahren um die rechte Form gerungen wird. Vielleicht kommt hier unbewusst zum Ausdruck, dass man spürt, zusammenzugehören – auch wenn man unterschiedlich drauf ist. John Mark Comer for- dert uns zur „Selbstaufgabe im Zeitalter der Selbstverwirklichung"[27] auf. Was bedeute das für deine Spiritualität?

Vielleicht fragst du dich, was will sie denn jetzt eigentlich? Meine Individualität stärken oder mich zum Einheitsbrei überreden? Um wen geht es wirklich? Um alle natürlich. Um dich, mich und die anderen. Ums Ausprobieren und im Gespräch bleiben. Aber am aller- meisten geht es um den, der unser Lob verdient und der es, wenn nicht von uns, von den Steinen bekommt (vgl. Lk 19,37-40).

Auf den Punkt gebracht

Die Fähigkeit zur Spiritualität ist uns von Gott geschenkt, nicht nur in seiner und unserer Persönlichkeit, sondern auch darin, wie er die Welt geschaffen hat. Unsere Spiritualität trägt zu unserer Identität bei, wir können wählen zwischen Erweiterung oder Einengung. Und sie ist nie nur eine individuelle Frage, sie betrifft uns als Gemeinschaft.

---

27 Comer, John Mark: Live no lies. Es ist Zeit, im Licht zu leben, Fontis Media GmbH, Basel 2022, S. 283.

Tipps zur Vertiefung

- www.lectiodivina.de
- RefLab. Ausgeglaubt, Beiträge zum Thema Spiritualität,
  www.reflab.ch/category/dossiers/spiritualitaet-dossiers

Verwendete Literatur

- Comer, John Mark: Live no Lies. Es ist Zeit, im Licht zu leben,
  Fontis Media GmbH, Basel 2022
- Fleck, Anne: Zartheit und Krawall. Oder: Essays über die unverschämte Hoffnung,
  die mich der Tod meiner Herzensfreundin lehrte, Fontis Media GmbH, Basel 2022
- Greig, Pete: How to hear God. A Simple Guide for Normal People, Zondervan,
  Grand Rapids 2022
- Smith, James K. A., You are what you love. The Spiritual Power of Habit,
  Brazos Press, Grand Rapids 2016

TOUR 3

Story: Glaube, Leid und Zweifel

von Sarah Thys

Der Gott meiner Kindheit

Den prägenden Part in meiner Glaubensbildung hatte meine Mutter inne. Beim Abend-ritual sang sie mit mir und meinen Geschwistern Lieder aus ihrer Kindheit und Jugend. Ich wuchs auf mit Abendliedern wie „Breit aus die Flügel beide, oh Jesu meine Freude"[28] und „Abend ward, bald kommt die Nacht"[29]. Lieder, die meine pietistische Prägung verraten.

Ich wurde mit hineingenommen in eine Geborgenheit im Glauben. Das Vertrauen in Gott, das hindurchträgt. Gott hat alles in der Hand, unser ganzes Leben, ja, das ganze Univer-sum. Mir wurde beigebracht, dass ich mich im persönlichen Gebet immer an Jesus Chris-tus wenden kann, weil er für mich sorgt.

Meine Mutter war und ist mir ein Vorbild in ihrer Zugewandtheit und Hilfsbereitschaft anderen gegenüber. Sie ist da für Menschen, denen meist nicht zugehört wird, die von anderen zur Seite geschoben werden, weil ihre Probleme anstrengend sein können. Meine Mutter ist aber auch ganz anders gestrickt als ich. Vielleicht war deshalb schon früh klar, dass ich meinen eigenen Weg würde finden müssen, dass für mich der Glaube nicht so klar gegeben und selbstverständlich sein würde. Womöglich habe ich an dieser Stelle mehr von der Art meines Vaters, der viel hinterfragte, sich mit Geschichte und Politik aus-einandersetzte und nicht alles für bare Münze nahm.

Im Gottesbild meiner Kindheit war Gott eine feste Instanz, die nicht zu hinterfragen war. In meinem schwäbischen, dörflichen Umfeld, in dem ich kaum Konfrontation erlebte, ließ man mich in dieser Weltanschauung. Erst in der Unterstufe des Gymnasiums wurde ich zum ersten Mal mit Atheismus konfrontiert. In einer Unterrichtsstunde fragte einmal ein Religionslehrer, ob wir an die Existenz Gottes glaubten. Ich, die ich auch sonst mal redete, ohne aufgerufen zu werden, rief aus: „Ja, klar!" Und fast gleichzeitig rief hinter mir einer meiner Mitschüler ein pikiertes: „Nein!" Ich sah nach hinten und war entsetzt über seine Klarheit. Ich hatte das bis dahin in meinem direkten Umfeld so noch nie jemanden sagen hören. Es war das erste Mal, dass an meiner Weltanschauung gerüttelt wurde. Von da an kamen Fragen in mir auf: Entsprach meine Sicht der Welt, wie ich sie kennengelernt und bis dahin als stimmig empfunden hatte, tatsächlich der allumfassenden Wahrheit? Damals aber legte ich meine Fragen zur Seite. Ich war nicht bereit für eine tiefergehende Auseinandersetzung.

---

28 Gerhardt, Paul: Breit aus die Flügel beide, 1647.
29 Schröder, Rudolf Alexander: Abend ward, bald kommt die Nacht, 1942.

Eine emotionale und kognitive Glaubenskrise

Als ich eine junge Erwachsene war, erkrankte ein Familienmitglied psychisch. Es war eine schwere Erkrankung, die lange unbehandelt blieb und unser Familienleben sehr veränderte. Das Gefühl der Ohnmacht, nichts tun zu können, zu sehen, wie die Krankheit weiter voranschritt, machtlos zu sein und nicht zu einer Behandlung bewegen zu können, das hat uns als ganze Familie zermürbt. Da war Angst, die sich vor dem Unberechenbaren ausbreitete. Der Schmerz, mitanzuschauen, wie sich eine geliebte Person so veränderte, und gleichzeitig nichts tun zu können, ist schwer zu beschreiben. Diese Situation hat mich aus meiner positiven Haltung dem Leben gegenüber gerissen. Zweifel begannen mich zu quälen: Wo war Gott in alldem? Wieso antwortete er nicht auf Gebete? Wieso taten Menschen, die ich in meinem Umfeld für ihren Glauben respektierte, nicht mehr, als zu beten?

Das, was ich emotional erlebte, ließ auch meine verdrängten Zweifel hochkommen. Fragen, die ich lange tief vergraben und von mir geschoben hatte, bekamen jetzt Raum. Es zog mir den Boden unter den Füßen weg: Gibt es Gott wirklich? Wenn ja, was für ein Gott ist er denn? Kann er überhaupt etwas in dieser Welt bewirken? Fragen, die sich auch manch andere Christinnen und Christen stellen, wenn sie mit Leid konfrontiert werden.

Inzwischen war einige Zeit vergangen und ich studierte Religions- und Gemeindepädagogik. Im Studium war ich schon mit theologischen Themen und religionspädagogischen Konzepten zur Glaubensentwicklung vertraut gemacht worden. So konnte ich auch etwas besser einordnen, was mit mir passierte. Ein Dozent, mit dem ich in dieser Zeit ab und an seelsorgerliche Gespräche führte, sagte mir, dass sich bestimmt einige sorgen würden, dass ich „vom Glauben abfallen könnte", wenn sie meine Gedanken hören würden. Er aber ermutigte mich, durch diese Krise zu gehen und zu sehen, was passieren würde. Das gab mir Kraft, nicht alles einfach hinzuwerfen. Es war ein Stück Hoffnung in meiner aussichtslosen Situation, in der ich keine Antworten fand und schwarzsah. Zu meinem Leidwesen ließ sich dieser Zustand aber trotz allem Verstehen nicht einfach auflösen, es gab keinen schnellen Weg dort heraus oder gar einen Weg in die Zeit davor.

Zum einen brauchte meine Seele Zeit, um zu verarbeiten. Da war kaum Platz für kühles Nachdenken und sachliches Abwägen von theologischen Positionen in der Theodizee-Frage, der Frage nach Gott im Leid. Sie halfen mir nur darin, zu verstehen, wie grundsätzlich und auch ungeklärt diese Frage im Christentum ist und bleiben wird. Vielmehr waren es einzelne Impulse, die mir emotional wieder Kraft gaben.

In meiner Familie wurde die Situation so schlimm, dass ich auf dem Weg zu einem meiner seelsorgerlichen Gespräche zu Gott betete: „Wenn du nicht bald etwas tust, dann kann ich nicht mehr glauben." Ich war im Austausch mit einem Dekonvertierten, jemandem, der früher Christ war und sich dann als Agnostiker bezeichnete. Agnostikerinnen und Agnostiker gehen davon aus, dass man nicht wissen kann, was Wahrheit ist, dass unsere menschliche Erkenntnis begrenzt ist und insofern die Existenz Gottes nicht bewiesen, aber auch nicht ausgeschlossen werden kann. Seine Position ergab für mich weitaus mehr Sinn als das christliche Glaubenskonzept, das ich kannte.

Wenige Wochen später gab es in unserer Familie Entwicklungen, die dazu führten, dass eine Behandlung nach Jahren des Wartens begonnen werden konnten. Für mich war es ein Zeichen der Hoffnung: Es tut sich was, Gott tut was. Das war nicht das Ende meiner Zweifel und meiner Krise, aber ich kam einen Schritt weiter.

Schritt für Schritt

Mein Verständnis von Gottes Eingreifen in der Welt veränderte sich. Meine Sehnsucht, dass Gott Dinge wie in einem Hollywoodstreifen wieder ins Lot bringt, war weiterhin da. Aber es entstand in mir ein neues Bild: Gottes Gegenwart, die in die oft hässlichen Zustände unserer Welt hineinscheint. Sie nicht wegradiert, aber doch präsent ist und dadurch mir Trost schenkt, es etwas aushaltbarer macht. In seelsorgerlicher Begleitung reflektierte ich, dass ich tief in meinem Herzen glaubte, dass es auf mich ankommt. Wenn ich mich nicht an Gott festhalte, dann ist mein Glaube am Ende. Aber: Gott hält mich. Das war die zutiefst befreiende und tröstliche Zusage. Nicht ich halte mich an Gott fest, ich werde gehalten. Das hätte ich mit meinen theologischen Erkenntnissen schon vorher predigen können, aber ich musste es erleben, damit auch meine Seele verstehen konnte.

Auf einer Freizeit am Meer, bei der ich Mitarbeiterin war, wurden wir eingeladen, uns symbolisch zum Wasser aufzustellen, und zwar so, wie wir uns in unserer Gottesbeziehung fühlten: entweder ins Wasser stellen, schwimmen oder auch einfach nur am Rand des Wassers stehen. Ich konnte nicht hineingehen, ich konnte nicht mal am Rande des Wassers stehen. In mir blockierte etwas, mich überhaupt darauf einzulassen – und es war nicht die Methode an sich.

Später, als ich allein war, schwamm ich los. Ich schwamm bis zur gelben Boje, die das Ende der Badezone markierte, und drüber hinaus. Von dort schwamm ich in eine neue Richtung. Die ganze Zeit über war ich wütend auf Gott und meine Lage. Ich fühlte mich von ihm im Stich gelassen und gleichzeitig lautete meine Bitte: „Gott, zeige dich mir. In irgendeiner Art und Weise." Ich war gefühlt schon eine Ewigkeit im Wasser und langsam ging mir die Kraft aus. Da hatte ich das Gefühl, als wenn Gott zu mir sagt: „Tauche deinen Kopf unter Wasser", um damit anzuerkennen, dass er Gott ist und ich ein Mensch. In mir weigerte sich alles. Das bedeutete für mich, mich meinem alten Glaubenskonzept wieder zu unterstellen und meine neuen Einsichten zu verwerfen. Nach einigem Ringen tauchte ich meinen Kopf widerwillig unter Wasser. Ich erwartete fast schon eine Erkenntnis. Stattdessen wurde ich enttäuscht und im nächsten Moment hob eine Welle meinen Kopf wieder aus dem Wasser. Ich war überrascht. Das war's? Und auf einmal war ich erleichtert. Denn es war für mich, als ob Gott mir sagte: „Es ist gut, dass du anerkannt hast, dass ich der Größere bin, aber ich habe dich auch mit deinem Verstand gemacht, gebrauche ihn."

Das war eine sehr persönliche Erfahrung, die meiner Wesensart und Prägung entspricht, wie ich Gottes Reden für mich wahrnehme. Jemand meinte mal: Wenn Gott, Gott ist, dann hält er mein Infragestellen, meine Zweifel, meine Krisen aus. Seine Existenz, ob es ihn gibt oder nicht, wird davon nicht beeinträchtigt, wie wir über ihn denken.

Ich bin mir bewusst, dass ich ein Kind meiner Zeit bin. Die Fragen, die ich stelle, stellen sich viele mit mir und doch jeder Mensch auch persönlich für sich. Außerdem stehe ich als Zwerg auf den Schultern von Riesen. Das, was ich denke, wurde vorher schon gedacht. Es verleiht einem eine gewisse Demut. So bin ich weiter auf der Reise. Es ist oft anstrengend, mühsam und doch habe ich das Gefühl, der Wahrheit so ein Stück näher zu sein und freier zu sein.

Fortsetzung folgt in der Story: „Die bunte christliche Welt – und ich".

Vom Hinterfragen und der Dekonstruktion

von Jan Schickle

Der Glaube zieht um

Acht Mal bin ich in meinem Leben bisher umgezogen. Als es aus dem Haus meiner Eltern in das 12 Quadratmeter große WG-Zimmer ging, musste ich sehr genau entscheiden, was ich mitnehme. Umgekehrt haben meine Frau und ich einige neue Möbel angeschafft, als wir in unsere erste größere Wohnung zogen. Dieses Bild des Umzugs verwendet Martin Benz bezogen auf den Glauben häufiger.[30] Er möchte deutlich machen, dass wir immer wieder überlegen müssen: Was nehme ich mit, was lasse ich zurück oder was brauche ich neu? Genau darum geht es, wenn wir unseren Glauben hinterfragen. Die Dekonstruktion des Glaubens ist ein offener Prozess, der prüft, welche Überzeugungen mitgenommen und welche zurückgelassen werden können. Da unsere Biografie unseren Glauben stark geprägt hat, braucht es immer wieder den kritischen Blick auf unsere Glaubensüberzeugungen, Frömmigkeitsstile und spirituellen Zugänge. Eine solche Entdeckungsreise wird dich weiterbringen. Gleichzeitig kann sie emotional fordernd sein. Dieser Beitrag möchte dich auf deinem Weg unterstützen.

Das Warum der Dekonstruktion

Immer wieder können Menschen an Punkte in ihrem Leben gelangen, die zu einem Hinterfragen der eigenen Überzeugungen führen. Grundsätzlich wird jeder Mensch durch Glaubenssätze geprägt. In der Psychologie versteht man unter Glaubenssätzen tiefe Überzeugungen, die unser Selbstbild, unsere Annahmen über die Welt, unsere Einstellungen gegenüber Themen und unser Bild von Gott stark prägen. Vor dem Hintergrund der Ausprägung des eigenen Selbstbewusstseins kennt man solche – sowohl positiven wie auch negativen – Sätze: „Ich bin einzigartig und liebenswert." Oder: „Ich bin eine Versagerin bzw. ein Versager." Diese Sätze können sich einbrennen ebenso wie ein Gottesbild durch Sätze und Formulierungen innerhalb der Familie, Gemeinde oder des Freundeskreises beeinflusst werden kann. Wurde in deiner Familie z. B. immer zum „allmächtigen Vater" gebetet, stecken darin bereits zwei Glaubenssätze: Gott ist allmächtig. Gott ist wie ein Vater. In einem Prozess der Dekonstruktion kann es nun passieren, dass genau diese Sätze hinterfragt werden.

Was kann dazu führen, dass ein Hinterfragen eintritt?

Es kann unterschiedliche Gründe geben, warum eine Person den eigenen Glauben und die eigenen Überzeugungen infrage stellt. Dabei ist es sinnvoll, auf die Biografie zu schauen.

---

30 Benz, Martin: Movecast – der Podcast, der etwas bewegen möchte, www.movecast.de.

Man wird feststellen, an welchen Stellen im Leben ein Hinterfragen eingesetzt hat. In solchen Momenten merkt man, dass man auf kritische Distanz zu früheren Überzeugungen geht. Vielleicht weil etwas passiert ist, das einem geschadet hat, oder weil eingeübte Handlungsweisen nicht mehr funktionieren. Ich möchte im Folgenden auf drei konkrete Beispiele eingehen:

Wenn Brüche mit uns wichtigen Menschen geschehen, kann dies zu einer Dekonstruktion bestimmter Überzeugungen führen. Scheitern beispielsweise geistliche Vorbilder, zu denen man aufgeschaut hat, kann dies einen starken Einschnitt bedeuten. Das Ehepaar, an dem man sich orientiert hat, lässt sich scheiden. Der Pastor, der einen inspiriert hat, wird zum Alkoholiker. Es sind Beispiele, die zu einer persönlichen Krise führen können. Dabei bedeutet Krise nicht, dass es sich um eine komplette Lebenskrise handeln muss. Aber ein Teilbereich des Lebens und Glaubens wird angefochten.

Eine erlebte Enge innerhalb der Gemeinde, Familie oder des Freundeskreises kann zu einem Wunsch nach einem „Umzug" des Glaubens führen. Die Frage, wie Glaube gelebt wird oder aus Sicht von anderen gelebt werden muss, empfinden viele als Druck. Die Vielfalt der spirituellen Zugänge zu Gott ist dabei so breit, wie dies auch die Unterschiedlichkeit der Menschen widerspiegelt. Die persönlichen Verletzungen, die hierbei entstehen, können zu einer weiteren Distanz und dem Wunsch nach Neuorientierung führen.

Es ist möglich, dass der Blick auf Institutionen oder geistliche Autoritäten Menschen dazu bringt, ihren eigenen Glauben sowie ihre Glaubenssätze zu hinterfragen. Dies kann sowohl zu einer positiven Veränderung wie auch zu einer offenen Abgrenzung gegenüber den Institutionen oder geistlichen Autoritäten führen. So können z. B. Betrugs- oder Missbrauchsvorwürfe gegenüber solchen Vertreterinnen oder (leider häufig) Vertretern oder andere Krisen viele andere Menschen in eine starke Skepsis führen. Diese Vorbehalte lassen viele Aussagen und Inhalte in einem anderen Licht erscheinen, sodass das eigene Konstrukt hinterfragt wird.

Die Dekonstruktion ist dann, wie beim Bild des Umzugs, ein offener Prozess. Es gilt, wahrzunehmen, was sich verändert hat und wie sich dies auf das eigene Bibel-, Gottes- und Selbstverständnis ausgewirkt hat. Möglicherweise stellt man bestimmte Frömmigkeitsübungen ein, die einen lange begleitet haben, um dem heutigen Leben und den gemachten Erfahrungen besser gerecht zu werden. Ein solches Hinterfragen kann auch zum Verlust des (bisherigen) Glaubens führen. Meistens ist jedoch die Sehnsucht vorhanden, auch nach der Dekonstruktion weiterzuglauben. Oft aber mit dem Ziel, dass dieser „neue" Glaube mündiger und authentischer ist, in eine größere Weite führt, sich stärker im Austausch mit anderen entwickelt und ohne ideologische Festlegungen auskommt.

Was bringt's?

Glaube bedeutet nicht eine totale Sicherheit. Wir werden wohl nie an einem Punkt sein, an dem alles sicher feststeht. Wir als Menschen verändern uns ebenso wie sich die Welt verändert. Somit sind Zweifel und Fragen immer Teil unseres Lebens und Glaubens. Wenn dies so ist, besteht umso mehr die Notwendigkeit nach Dekonstruktion und Veränderung.

Beschäftigt man sich immer wieder mit seinen eigenen Überzeugungen, baut man sich ein stärkeres Fundament. Der eigene Glaube wird sprachfähiger, und es wird dadurch leichter, mit anderen Meinungen umzugehen. Es kann sich eine Kultur entwickeln, die Fragen und Zweifel nicht nur zulässt, sondern sich bewusst damit beschäftigt. Das Hinterfragen und Dekonstruieren kann ein längerer Prozess sein. Im Laufe dessen wird das Hinterfragen auch teilweise als unangenehm oder sogar schädlich wahrgenommen. Gerade Menschen im eigenen Umfeld blicken dann möglicherweise negativ auf die eigene Entwicklung. Am Ende kann man durch den Prozess des Hinterfragens resilienter werden, also widerstandsfähiger gegen persönliche oder gesellschaftliche Veränderungen und diese eher als Chance wahrnehmen. Mit dem Blick auf diese Chance darf Mut gemacht werden, die oben aufliegenden Themen und Fragestellungen und den Prozess des Hinterfragens offen anzugehen.

Die Dekonstruktion emotional meistern

Zu mir sagte einmal ein Coach: „Positive Veränderungen müssen wehtun." Selten funktionieren Veränderungen ohne jegliche Herausforderungen. Es ist schmerzhaft, sich von Überzeugungen zu verabschieden, die einen lange getragen und positiv geprägt haben. Klaus-Peter Jörns zählt in seinem Buch „Notwendige Abschiede" viele verschiedene solcher Glaubensvorstellungen auf, die möglicherweise eine Dekonstruktion unsererseits benötigen.[31] Dies kann uns an den Rand der Verzweiflung bringen. Umso wichtiger ist ein gesunder emotionaler Umgang mit dieser Herausforderung. Die sieben Phasen eines Change-Prozesses nach Richard K. Streich können uns dabei behilflich sein.

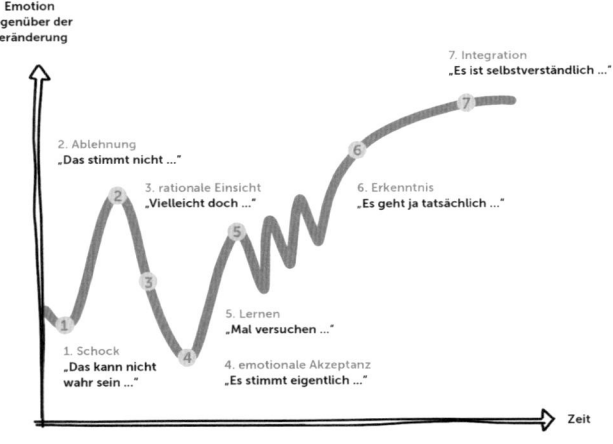

---

31 Vgl. Jörns, Klaus-Peter: Notwendige Abschiede: Auf dem Weg zu einem glaubwürdigen Christentum, Gütersloher Verlagshaus, Gütersloh [6]2004.

1. Schock

In diesem Moment wird durch eines der oben beschriebenen Beispiele eine eigene Glaubensüberzeugung erschüttert. Es kann sich eine Art Schockzustand einstellen, in dem diese andere Option furchtbar zu sein scheint und man sich fragt, ob das bisherige Denken möglicherweise falsch war.

2. Ablehnung

Nicht selten entsteht nach dem Schock zunächst eine ablehnende Haltung. Man möchte die Situation nicht wahrhaben. Das Ehepaar, das ein so großes Vorbild ist und sich nun scheiden lassen möchte, wird bestimmt noch mal zusammenfinden. Es kann nicht sein, dass das eigene Verständnis der Bibel teilweise so anders war bzw. ist als das von der neuen Gemeinde gepredigte. Man fühlt sich angegriffen, aber doch immer noch sicher, dass die eigene Kompetenz ausreicht und man genügend Argumente gegen den Schockmoment hat. Die Phase der Ablehnung darf vorhanden sein, für einen mündigen Glauben sollte man jedoch nie in ihr stecken bleiben.

3. Rationale Einsicht

Je länger man sich mit diesem Thema beschäftigt, sich mit anderen austauscht, umso stärker spürt man, dass vielleicht doch andere Meinungen zugelassen werden sollten. Die vorherige Position gerät ins Wanken. Man fühlt sich unsicher, da man möglicherweise doch „falsch" lag mit der eigenen bisherigen Position. In dieser Phase kann es hilfreich sein, mit anderen Menschen z. B. innerhalb der Gemeinde im Gespräch zu sein. Auch ein Psalm oder regelmäßiges Gebet kann unterstützen. Gott ist der beste Adressat, um Emotionen, Zweifel und Fragen, die mit der rationalen Einsicht einhergehen, anzusprechen.

4. Emotionale Akzeptanz

Dieser Moment ist entscheidend für den Schritt der Dekonstruktion. Man stellt fest, dass die ursprünglichen so sicheren Gedanken und Positionen der neuen Erkenntnis aus dem Schockmoment gewichen sind. Man fühlt wenig eigene Kompetenz in diesem neuen Kontext, da man bisher fast ausschließlich Argumente für das eigene ursprüngliche Verständnis hatte. Gerade in dieser eher schwierigen Situation sollte man sich Menschen suchen, mit denen man über die eigenen emotionalen Veränderungen und neuen Glaubensansätze sprechen kann. Mit dieser Phase endet die Dekonstruktion. Jedoch sollte man hier nicht stehen bleiben.

5. Lernen

Man redet mit anderen Menschen darüber, wie man sich hinsichtlich der neuen Position verhalten kann, und sieht die eigenen Vorbilder durch eine andere Brille. So versteht man nach und nach, dass auch eine aus der eigenen Sicht vorbildliche Ehe nicht vor dem Scheitern geschützt ist. Vielleicht ändert dies auch, wie man seine eigene Beziehung oder Ehe lebt. Man beginnt, die Bibel neu zu lesen und zu verstehen, entdeckt wunderbare Dinge durch den veränderten Blick. Der Lernprozess darf Zeit kosten und auch ein gewisses Auf und Ab beinhalten. Das Ausprobieren neuer Frömmigkeitsübungen oder spiritueller Zugänge kann dabei helfen.

6. Erkenntnis

Nun stellt man fest, dass man nach einigem „Ausprobieren" tatsächlich mit der neuen Überzeugung leben kann. Diese Erkenntnis lässt einen wieder selbstsicherer auftreten.

7. Integration

Wie anhand der letzten drei Phasen deutlich wird, braucht es die Integration der dekonstruierten Inhalte. Dies bedeutet, dass die Angst vor der Veränderung keine Rolle mehr spielt. Die neuen Denkweisen sind in den eigenen Glauben integriert worden und zu Überzeugungen geworden. Sie sind entsprechend zur neuen Normalität geworden. Dabei kann eine neue Begeisterung für den eigenen Glauben oder bestimmte Themen eintreten.

Ohne Hinterfragen kein Glaube

Deine eigene Biografie hat vieles geprägt: wie du Gott siehst, wie du glaubst oder auch, warum du nicht glaubst. Dein weiterer Lebensweg wird dich immer wieder einladen, diese früheren Überzeugungen und Wertesysteme zu hinterfragen. Die Glaubensentwicklungsstufen nach James W. Fowler erläutern uns, wie sich unser Glaube über die Zeit verändert.[32] Ziel der Dekonstruktion ist nicht das Hinterfragen an sich, sondern ein verbindender Glaube (Stufe 5). Häufig bleiben wir in einer der vorherigen Stufen stehen und übernehmen Perspektiven von anderen (Stufe 2).

Glaube wird dann mündig und erwachsen, wenn er hinterfragt und kritisch geprüft wird. Johannes Hartl sagt in seinem Youtube-Video „Alles nur Konstrukt?" an einer Stelle folgenden Satz: „Glaube ohne Krise wird Fundamentalismus."[33] Er erklärt dies damit, dass es Glaubenskrisen – also die Dekonstruktion von alten Überzeugungen, das Hinterfragen des eigenen Bibel- und Gottesbildes – brauche, da sonst der Glaube hart und eng werde und geschlossen bleibe. Der verbindende Glaube, von dem Fowler spricht, kann das Andersartige integrieren. Hierbei geht es nicht um das Negieren von Unterschieden oder eine Art von „Gleichmacherei", sondern kritisch-reflektierte Offenheit gegenüber Andersglaubenden. Lass uns mutig auf Entdeckungsreise gehen, auf der unser Glaube sich verändern darf.

Auf den Punkt gebracht

Die Dekonstruktion des Glaubens kann durch unterschiedliche Umstände angestoßen werden. Auch wenn Veränderung zumeist mit Schmerz verbunden ist, kann man in der Veränderung des Glaubens viel Positives erleben. Ein guter emotionaler Umgang, gerade auch durch eine weiter bestehende Verbindung zu Gott und die Begleitung durch andere Menschen, ist dabei sehr wichtig. Nur ein sich wandelnder und hinterfragender Glaube kann beweglich und damit lebendig bleiben.

---

32 Die Stufen des Glaubens – Theo Livestream Erklärvideo, youtu.be/33jT_mZqrlY.
33 Hartl, Johannes: Alles nur Konstrukt?, youtu.be/iOSBhY07a3Y, Minute 16:12.

Tipps zur Vertiefung

- Benz, Martin: Wenn der Glaube nicht mehr passt. Ein Umzugshelfer, Neukirchener-Verlagsgesellschaft mbH, Neukirchen-Vluyn 2022
- Podcast: Movecast – der Podcast, der etwas bewegen möchte, www.movecast.de

Verwendete Literatur

- Jörns, Klaus-Peter: Notwendige Abschiede. Auf dem Weg zu einem glaubwürdigen Christentum, Gütersloher Verlagshaus, Gütersloh 2004
- Streib, Heinz: Entwicklungspsychologie, WiReLex, 2015, www.bibelwissenschaft.de/stichwort/100083

Tool: Entscheidungsbaum

von Jan Schickle

Anhand dieses Tools kann eine konkrete (theologische) Fragestellung genauer betrachtet und hinterfragt werden. Ziel ist hierbei, dadurch ein tieferes Verständnis für den Umgang mit dieser Frage zu bekommen. Betrachtet man den Veränderungsprozess aus dem Kapitel „Vom Hinterfragen und der Dekonstruktion", ist dieses Tool vor allem im Bereich der Phasen zwei bis vier einzuordnen. Hierzu wählst du dir eine Fragestellung aus, die dich in deinem Glauben aktuell beschäftigt, die eine Art von Schockmoment ausgelöst hat oder die du theologisch hinterfragen möchtest. Beispiele hierfür können sein:

- Alles, was passiert, kommt von Gott.
- Gott ist ein strafender Gott.
- Gott interessiert sich für jedes Anliegen.
- Ich sollte jeden Tag „Stille Zeit" machen.

Dieses Tool kann helfen, die eigene wahrgenommene Kompetenz hinsichtlich der ausgewählten Fragestellung zu steigern. Identifiziere zunächst deine Fragestellung und die Hintergründe. Nimm dir dafür Zettel und Stift und beschreibe in einigen Sätzen dein Thema. Hinterfrage dann das Thema anhand des folgenden Entscheidungsbaumes, den es auch als Download gibt.

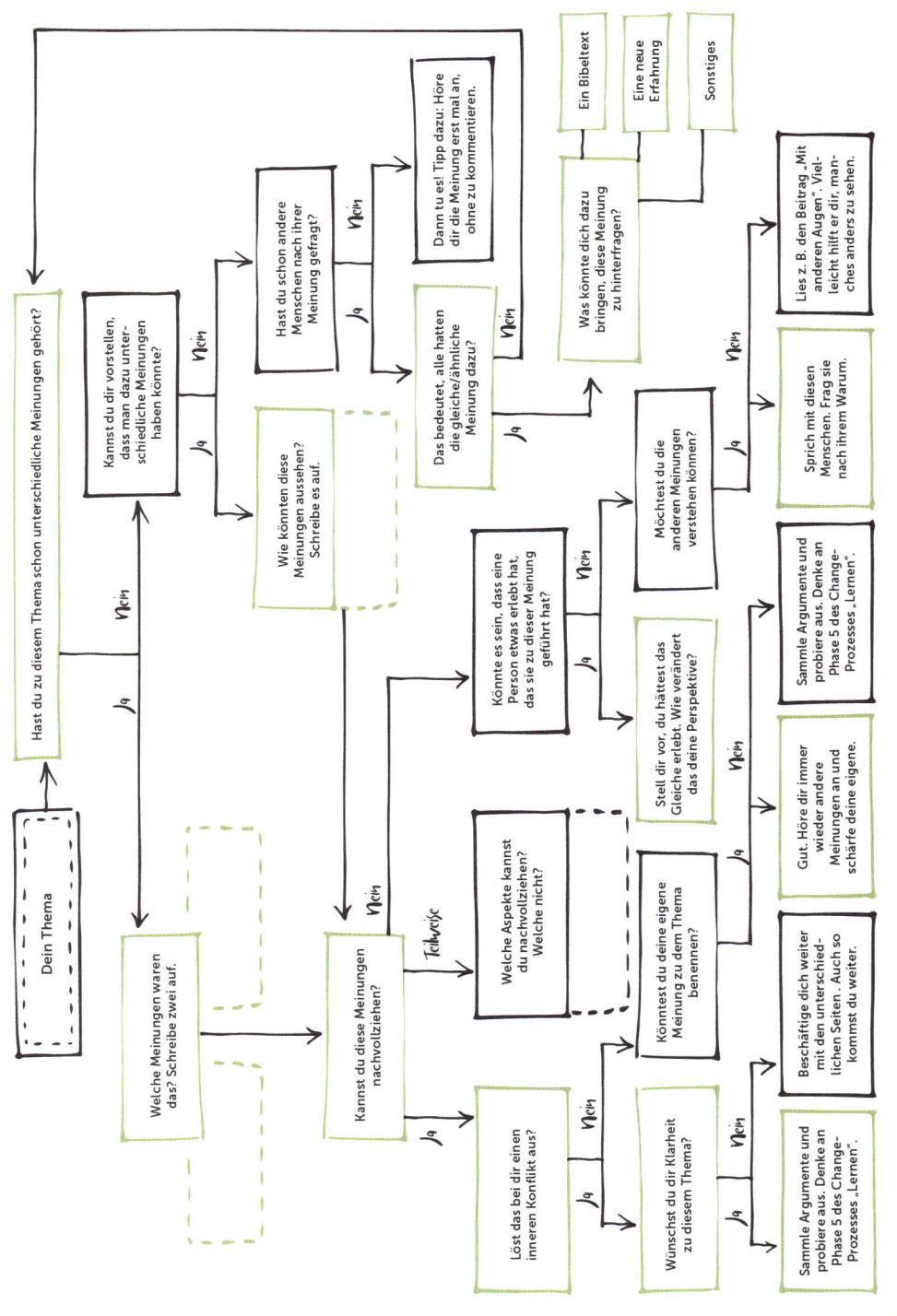

Dein Thema

Hast du zu diesem Thema schon unterschiedliche Meinungen gehört?

Ja → Kannst du dir vorstellen, dass man dazu unterschiedliche Meinungen haben könnte?

Nein → Welche Meinungen waren das? Schreibe zwei auf.

Kannst du dir vorstellen, dass man dazu unterschiedliche Meinungen haben könnte?

Ja → Wie könnten diese Meinungen aussehen? Schreibe es auf.

Nein → Hast du schon andere Menschen nach ihrer Meinung gefragt?

Hast du schon andere Menschen nach ihrer Meinung gefragt?

Ja → Das bedeutet, alle hatten die gleiche/ähnliche Meinung dazu?

Nein → Dann tu es! Tipp dazu: Höre dir die Meinung erst mal an, ohne zu kommentieren.

Das bedeutet, alle hatten die gleiche/ähnliche Meinung dazu?

Ja → Was könnte dich dazu bringen, diese Meinung zu hinterfragen?

Nein

Was könnte dich dazu bringen, diese Meinung zu hinterfragen?

- Ein Bibeltext
- Eine neue Erfahrung
- Sonstiges

Kannst du diese Meinungen nachvollziehen?

Ja → Löst das bei dir einen inneren Konflikt aus?

Teilweise → Welche Aspekte kannst du nachvollziehen? Welche nicht?

Nein → Könnte es sein, dass eine Person etwas erlebt hat, das sie zu dieser Meinung geführt hat?

Welche Aspekte kannst du nachvollziehen? Welche nicht?

Könnte es sein, dass eine Person etwas erlebt hat, das sie zu dieser Meinung geführt hat?

Ja → Möchtest du die anderen Meinungen verstehen können?

Nein → Stell dir vor, du hättest das Gleiche erlebt. Wie verändert das deine Perspektive?

Möchtest du die anderen Meinungen verstehen können?

Ja → Sprich mit diesen Menschen. Frag sie nach ihrem Warum.

Nein → Lies z. B. den Beitrag „Mit anderen Augen". Vielleicht hilft er dir, manches anders zu sehen.

Löst das bei dir einen inneren Konflikt aus?

Ja → Wünschst du dir Klarheit zu diesem Thema?

Nein → Könntest du deine eigene Meinung zu dem Thema benennen?

Könntest du deine eigene Meinung zu dem Thema benennen?

Ja → Gut. Höre dir immer wieder andere Meinungen an und schärfe deine eigene.

Nein → Sammle Argumente und probiere aus. Denke an Phase 5 des Change-Prozesses „Lernen".

Wünschst du dir Klarheit zu diesem Thema?

Ja → Sammle Argumente und probiere aus. Denke an Phase 5 des Change-Prozesses „Lernen".

Nein → Beschäftige dich weiter mit den unterschiedlichen Seiten. Auch so kommst du weiter.

Raus vor die Tür

von Katharina Haubold

„Verlass dein Land, deine Verwandtschaft und das Haus deines Vaters! Geh in das Land, das ich dir zeigen werde" (1. Mose 12,1b BB)!

Inspiriert von diesem Vers ist dies eine Einladung, dich auf den Weg zu machen. Heute soll es nicht darum gehen, Land, Verwandtschaft und Elternhaus zu verlassen, sondern vor die Haustür zu treten und dich auf einen Weg zu machen. Gott lässt sich in der Bibel häufig unterwegs finden, mitten in der Welt, mitten im Alltag, mittendrin. Packe dir etwas zum Schreiben und ein Handy mit Timer ein und mache dir am besten ein Foto von dieser Seite. Und dann folge diesem Weg (evtl. musst du ein bisschen improvisieren)[34]:

1. Tritt vor deine Haustür und gehe nach links.
2. Biege bei der nächsten Gelegenheit rechts ab.
3. Gehe bis zur nächsten Kreuzung. Folge deinem ersten Impuls, abzubiegen, und folge dem Weg / der Straße bis zur dritten Möglichkeit, rechts abzubiegen.
4. Biege rechts ab und gehe weiter für fünfzig Schritte.
5. Suche dir einen Ort, wo du dich hinsetzen kannst – vielleicht eine Bank, eine Wiese, eine Bordsteinkante – irgendetwas, wo du dich wohlfühlst und sicher sitzen kannst.

Nimm nun deine Umgebung wahr: Was siehst du? Schließe deine Augen: Was hörst du? Was riechst du? Was spürst du? Welches „Land" zeigt Gott dir hier?
Nimm dein Schreibzeug zur Hand und schreibe für 10 Minuten, ohne den Stift abzusetzen. Stell dir dafür am besten einen Timer. Schreibe darüber, welche Gedanken du an diesem Ort über Gott hast, welche Fragen dir an ihn kommen, wie er sich dir hier zeigt. Schreibe darüber, wann du das letzte Mal aufgebrochen bist und wie sich das angefühlt hat. Schreibe darüber, was es für dich bedeutet, im Glauben aufzubrechen.
Wenn dir nichts (mehr) einfällt, schreibe darüber, dass dir nichts mehr einfällt, und schau, ob vielleicht doch noch ein weiterer Impuls kommt.

- Setze den Stift ab, wenn der Timer klingelt.
- Lies deinen Text.
- Nimm einen anderen Weg nach Hause als den, der dich an diesen Ort geführt hat.
- Lies deinen Text noch einmal, wenn du wieder angekommen bist, wo du aufgebrochen bist.
- Was möchtest du Gott jetzt gern sagen?

---

34 Die Idee zu diesem Tool ist inspiriert von: Buiting, Hanna und Mattausch, Birgit sowie: Dörrie, Doris: Leben. Schreiben. Atmen. Eine Einladung zum Schreiben, Diogenes Verlag AG, Zürich [12]2019.

Story: Die kleine flackernde Flamme

von Hanns Wolfsberger

Fortsetzung von der Story: „Eine Glaubensgeschichte in Kapiteln".

Seitenwechsel

Inzwischen bin ich achtunddreißig Jahre alt, seit einigen Jahren Pfarrer einer großen und lebendigen Gemeinde, habe eine Menge Gottesdienste gefeiert, viele Predigten gehalten, unzählige Gebete formuliert. Ich habe mir Gedanken gemacht über neue Aufbrüche und suche gemeinsam mit anderen nach kreativen und anschlussfähigen Ausdrucksformen von Kirche. Ich führe Gespräche mit jungen Menschen, vor allem Studierenden, die mit den gleichen Fragen und Zweifeln kommen, die ich vor einigen Jahren selbst zum ersten Mal hatte. Sie suchen meinen Rat, hoffen auf Orientierung in ihrem Glauben. Ich bin jetzt auf der anderen Seite. Was soll ich ihnen sagen? Dass irgendwann alles besser wird? Dass man sich durchbeißen, dranbleiben muss, bevor der Durchbruch kommt? Das wäre nicht meine Geschichte. Ich glaube sogar, dass das von niemandem die Geschichte ist, zumindest nicht, wenn man ehrlich zu sich selbst ist.

Ehrlicher werden

Aber wo stehe ich dann jetzt? Als Pastor, als Verkündiger – sollte sich mein Glaube nicht eingependelt haben auf einem hohen, vorbildlichen Niveau nach dem ganzen Hin und Her in der Vergangenheit?
Nein, das ist nicht passiert. Ich denke manchmal sogar, er ist kleiner geworden. Aber dafür ehrlicher, vielleicht verlässlicher – und das fühlt sich gut an, zumindest für den Moment. Ich sehne mich auch nicht nach dem Glauben aus einer anderen vergangenen Lebensphase. Mit einer Ausnahme.

Erinnerst du dich noch an die Kirchenbank, von der ich am Anfang des Buches erzählt habe? Die Kirchenbank mit dem beigen Polster, auf der ich als Kind jedes Mal eingeschlafen bin. Ich glaube, sie steht für einen Glauben, den ich mir heute wieder wünsche. Dazu gleich noch mehr.

Im Hintergrund

Aktuell bleibt uns als Familie wenig Luft zum Durchatmen und Reflektieren. Mirjam und ich teilen uns als Ehepaar eine Pfarrstelle, genauso wie die Erziehung unserer vier kleinen Kinder, dazu den Haushalt. Wir sind glücklich, dass wir in dieser Symbiose leben und arbeiten können. Intensität und Anstrengung zeigen uns aber immer wieder auch unsere Grenzen auf. Und mit dem Glauben fühlt es sich zeitweise ähnlich an. Er rückt einfach in den Hintergrund. Der Familientrubel, die unzähligen Momente voller Leben, die vielen Aufgaben und losen Enden, die Geschäftigkeit, auch der Frust und irgendwann das erlösende Sofa am späten Feierabend. Tagelang kann das so gehen, bis ich wieder einen Moment echter Besinnung erlebe, in dem ich aktiv nach der Quelle suchen kann, die mir doch eigentlich so guttut (und von der ich beruflich kontinuierlich spreche, wie auch immer mein „Glaubenszustand" gerade ist). Es erscheint mir wie ein unverschämter Luxus, über etwas wie eine regelmäßige „Stille Zeit" oder Meditation nachzudenken – und dennoch sehne ich mich mehr denn je danach.

Eile, Schlafmangel, Stress, zu viel Arbeit, fehlende Ruhe und die permanente Ablenkung durch elektronische Medien – ich bin mir inzwischen sicher, dass diese Phänomene eine ganze Generation wirkungsvoller als alles andere von einer Konzentration auf Gott, einer engeren Beziehung zu ihm fernhalten. Ich leide unter jedem einzelnen davon. Umso dankbarer bin ich, dass irgendwo in mir immer noch etwas anderes pulsiert, ganz leicht, aber unaufhörlich. „Es glaubt in mir", sagt Mirjam manchmal. Ja, so fühlt sich das an. Da ist ein Funke, für den ich nichts kann. Hoffentlich erlischt er nicht.

Der Funke kriegt Luft

Kann ich mich damit zufriedengeben? Und reicht das, um hauptamtlich voranzugehen? Wahrscheinlich nicht. Immerhin gibt es auch Augenblicke, in denen der Funke auflodert, wenigstens kurz. Ich war selbst überrascht, als das vor einiger Zeit unvermittelt passierte. Es war in einem der Gottesdienste, den wir aus Corona-Gründen ohne Menschen in der Kirche stattfinden lassen mussten. Wir waren gezwungen, uns auf den Livestream zu reduzieren. In der Kirche befanden sich nur der Organist, die kleine Band, die Person an der Technik, die Mesnerin und ich. Eigentlich ein trostloses Bild. Trotzdem geschah etwas in diesem Raum. Völlig überraschend, während eines Liedes. Da stand ich auf einmal mitten in der leeren Kirche und sang aus voller Kehle. Ich stand da und sang. Mit erhobenen Händen. Eigentlich ist das nicht mein Stil, aber hier war es auch keine Stilfrage, sondern der ehrliche Ausdruck eines inneren Bedürfnisses. Für ihn singen. Bei ihm sein. Hier war ich für einen kurzen Moment am genau richtigen Ort. Ich war ein Geschöpf vor meinem Schöpfer. Und ich fühlte mich zu Hause.

Ähnliche Momente gab es seither immer wieder. Da tut sich etwas in mir. Meistens ganz schlicht, als ob jemand dem Funken hin und wieder etwas Luft zupustet und ihn zum Aufleuchten bringt.

Zurück auf die Kirchenbank

Soll das etwas Besonderes sein? Es gibt Menschen, die so etwas täglich erleben. Leute, die es schaffen, ihr Leben auszurichten, auf Gott zu konzentrieren. Ich bewundere das und ja, ich beneide sie auch. Dennoch sind diese Erfahrungen für mich Entdeckungen, die mich ermutigen und auf die ich nicht verzichten will. Vielleicht gerade weil sie so klein und unscheinbar daherkommen. Und gerade weil ich nichts schaffe, nichts plane, sondern nur da bin.

Wie damals auf der Kirchenbank, auf der ich als Kind eingeschlafen bin. Umgeben von etwas, das gut war. Ich sehne mich zurück auf diese Kirchenbank. Nichts leisten, nichts beweisen, nichts peinlich finden. Da gibt es nichts Verschämtes und Unpassendes. Da ist so viel Selbstverständlichkeit – so viel, wie es eben braucht, um im Schlafanzug in einer vollen Kirche einfach einzuschlafen, aus purem Wohlbefinden. Ja, so stelle ich mir das vor. So möchte ich vor Gott sein. Zwanglos und frei.

Bei unseren kleinen Kindern sehen wir immer wieder, dass Grundbedürfnisse im Prinzip nicht schwer auszumachen sind: genug essen, genug schlafen, genug Nähe und genug Liebe. Klingt es zu banal und kindisch, dass sich mein Glaube irgendwie genau danach sehnt? Entscheide selbst.

Wer kommt zu wem?

Noch einmal die Frage: Reicht das? Gibt es nicht noch mehr? Was ist mit den ganzen offenen Fragen, den vielen Aufgaben? Sind wir als Jüngerinnen und Jünger Jesu nicht zu einem brennenden Glauben aufgerufen? Mit Leidenschaft in der Nachfolge? Mit mehr Liebe für andere? Mit Wagemut und Vertrauen, auch große, unbekannte Wege zu beschreiten?

Mein Glaube hat sich bis heute verändert. Immer wieder habe ich gestaunt und mich gefragt, wie und warum das geschehen ist. Ich gehe einfach davon aus, dass das auch in Zukunft geschehen wird. Und wer weiß, vielleicht wird auch mein Funke irgendwann noch zu einem lodernden Feuer. Falls es so kommen sollte, hoffe ich, dass der Rest von mir auch dazu bereit ist.

Zu Beginn des Buches habe ich von der Frage erzählt: „Wie bist du zum Glauben gekommen?" Rückblickend auf mein Leben sehe ich klar, dass ich nirgendwohin gekommen bin. Es lief andersherum. Der Glaube ist zu mir gekommen. Und aus irgendeinem Grund ist er auch geblieben. Es hätte genug Ausfahrten gegeben entlang des Weges. Aber er ist immer noch da. Die einzige Erklärung, die ich habe: Irgendwie scheint es Gott ein Anliegen zu sein, dass wir zusammenbleiben.

Neu begeistert – Wege zu einer zweiten Naivität

von Björn Büchert

Bilder der Begeisterung

Welches Bild verbindest du mit Begeisterung? Ich muss dabei an eine funkensprühende Wunderkerze oder ein loderndes Feuer denken. Feuer und Begeisterung passen für mich hervorragend zusammen – auch bezogen auf die persönliche Glaubensbiografie. Erfahrungsgemäß ist unser Glaube geprägt von unterschiedlichen Phasen. Mal sind wir Feuer und Flamme, mal gleicht unser Glaube eher einem glimmenden Docht. Anhand von fünf Bildern rund um Feuer soll hier aufgezeigt werden, was es bedeuten kann, von Neuem begeistert zu glauben und sich an einer zweiten Naivität zu erfreuen.

Wunderkerze

Wer auf den Beginn seiner Glaubensreise zurückblickt, erinnert sich vielleicht daran, wie der Funke der Begeisterung übergesprungen ist. Eventuell war da eine bestimmte Freizeit oder ein Gespräch, eine Predigt oder ein bestimmtes Buch. Irgendetwas, durch das Gott die Leidenschaft des Glaubens entfacht hat. Während manche für sich einen bestimmten Tag benennen können, beschreiben andere das Geschehen prozesshaft, weil sie z. B. aufgrund des christlichen Kontextes in den Glauben „hineingewachsen" sind. Auf irgendeine Weise ist der Funke übergesprungen und das Feuer des Glaubens wurde entfacht. Auffallend dabei ist, dass oft andere Christinnen und Christen involviert waren.

Loderndes Feuer

Der anfängliche Funke der Begeisterung trägt das Potenzial in sich, ein ganzes Feuer zu entfachen. Es ist ein Geschenk, wenn aus dem Funken des Glaubens nicht nur ein Strohfeuer, sondern ein loderndes Lagerfeuer wird. Sicherlich gibt es Umstände, die dies begünstigen. Eine christliche Gemeinschaft, die schon am Feuer sitzt und andere einlädt, sich dazuzusetzen. Ein christliches Elternhaus, Mentorinnen und Mentoren, Gottesdienste, Kleingruppen, Events. All dies kann dazu beitragen, dass aus einem Funken ein Feuer wird.

Allerdings entfacht nicht jeder überspringende Funke ein Feuer des Glaubens. Diese realistische Wahrnehmung führt vor Augen, dass Glaube nicht verfügbar ist. Selbst wenn Menschen unter ähnlichen Bedingungen aufwachsen, kann es sein, dass eine Person zum Glauben kommt und eine andere nicht. Glaube ist nicht machbar, Glaube ist ein Geschenk Gottes. Dieses Bewusstsein schützt vor Arroganz. Es sind nicht wir, die das Feuer brennen lassen, sondern Gottes Geistkraft.
Wer on fire ist, ist häufig Teil einer christlichen Gemeinschaft. Dies kann eine Gottesdienstgemeinschaft sein, eine Kleingruppe, die sich zum Gebet und Bibellesen trifft, oder eine Gruppe, die sich gemeinsam z. B. für Geflüchtete engagiert. Die letzten Jahre haben gezeigt, dass auch digitale Gemeinschaften solche Lagerfeuer sein können.

Das lodernde Feuer kann auch ein Bild für die Glaubensgewissheit sein, die man sich gegenseitig zuspricht. Häufig sitzt man am Lagerfeuer mit Menschen, die ganz ähnlich glauben wie man selbst. Als Teil der Gemeinschaft bist du ein Teil dieses Feuers und wärmst dich daran. Ebenso trägst du dazu bei, dass auch andere sich an diesem Glaubensfeuer wärmen können.

Glut

Immer wieder kommt es vor, dass innere oder äußere Umstände dazu beitragen, dass das Feuer des Glaubens mehr einer Glut als einem lodernden Feuer gleicht: Leiderfahrungen, Enttäuschungen durch Mitchristinnen und Mitchristen, aber auch durch Gott. Wer über längere Zeit auf dem Weg des Glaubens unterwegs ist, wird solche Phasen kennen. Verletzungen, Krisen und Frust scheinen das Feuer zu ersticken. Häufig sind diese Glut-Phasen des Glaubens Zeiten, in denen Bisheriges nicht mehr zu passen scheint. Die christliche Gemeinschaft wird vielleicht als langweilig, gesetzlich altmodisch oder nicht relevant erlebt. Bisherige Vorstellungen von Gott oder Bilder von Jesus werden infrage gestellt, weil sie nicht zum alltäglichen Erleben passen. Das bisherige Bibelverständnis kommt ins Wanken, weil es den eigenen Anfragen nicht mehr standhält. In solchen Zeiten hält sich die Begeisterung des Glaubens in Grenzen, gerade dann, wenn bekannte christliche Antworten nicht mehr tragen.

Dass sich der eigene Glaube verändert, ist normal und gehört zum Leben! Glut-Zeiten sind nicht immer angenehm, jedoch nötig, um im Glauben und im Leben zu reifen. Es braucht die Glut, die manchmal auch befreit von einem Idealismus. Die Haltung einer zweiten Naivität kann dazu beitragen, Phasen der Glut besser zu verstehen und zu durchleben. Der folgende Exkurs will diese Haltung skizzieren.

Exkurs: Zweite Naivität

In Glut-Zeiten muss der persönliche Glaube oder die bisherige Theologie nicht komplett über Bord geworfen werden. Vielmehr können diese Zeiten dazu beitragen, eine „zweite Naivität"[35] zu gewinnen. Dieser Begriff taucht erstmals im Jahr 1925 beim Religionsphilosophen Peter Wust auf. Als erste Naivität beschreibt er eine Haltung der Einfalt. Damit verbunden sind Eigenschaften wie: Sorglosigkeit, Unbefangenheit, Grundvertrauen, natürliche Sicherheit. Skepsis und Zweifel haben hier keinen Raum. Die Biografie eines Menschen ist jedoch selten nur von Unbekümmertheit geprägt. Mit zunehmendem Alter und mehr Lebenserfahrung kann eine solche erste Naivität verloren gehen. Während manche dann aufgrund von Uneindeutigkeiten Gott und dem Glauben den Rücken kehren, werden andere zynisch und sitzen eher distanziert am Rand und beäugen diejenigen kritisch, die gemeinsam um das lodernde Feuer sitzen. Glut-Zeiten müssen jedoch weder zu

---

35 Hilfreich für mich waren: Negel, Joachim: Welt als Gabe. Hermeneutische Grenzgänge zwischen Theologie und Phänomenologie, Aschendorff Verlag GmbH & Co. KG, Münster 2013, S. 259–285; Kopfermann, Arne: Auf zu neuen Ufern. Befreit zu einem ehrlichen Glauben, der trägt, Gerth Medien, Asslar ²2020, Kapitel 3.

Zynismus noch zur Abkehr führen. Wust schlägt einen anderen Weg vor und führt den Begriff der zweiten Naivität ein:

> „Zweite Naivität – das ist die erlittene, dem Leben abgerungene, in ein leises Vertrauen verwandelte Haltung des erwachsenen Menschen gegenüber dem Leben und seinen unlösbaren Rätseln. Dies geschieht in einer Art Gleichgewicht aus Skepsis und wieder-gewonnener Bejahung des Lebens. Hier sind die großen Fragen nicht gelöst, kommen aber zur Ruhe in einem ‚Trotzdem-Glauben'."[36]

„Trotzdem-Glauben" meint kein krampfhaftes Festhalten aus Trotz, sondern ein immer wieder fragendes und staunendes Ja zum eigenen Leben, zu Gott und zum Glauben. So verstanden kann eine zweite Naivität dazu führen, dass das Leben mit allem angenommen wird. Eigene Skepsis und Zweifel werden ebenso ernst genommen wie kritische Anfragen von außen. Gleichzeitig müssen diese nicht bis ins Letzte geklärt werden. Vielmehr führt die Haltung einer zweiten Naivität erneut ins Staunen über Gott, seine Schöpfung und das Leben. Für Wust ist dieses Staunen eine Form des Betens.

Der jüdische Reformpädagoge Ernst Simon reflektierte ebenfalls über die Haltung einer zweiten Naivität. Leitend war für ihn die Frage, wie ein religiöser Mensch in einer immer stärker säkularisierten Welt leben und glauben kann. In Glut-Zeiten wird die bisherige christliche Gemeinschaft häufig etwas kritisch betrachtet. Dies kann zur Folge haben, dass gefragt wird: Was glauben die anderen und ich da überhaupt?
Simon geht es nicht darum, was ein aufgeklärter Mensch „noch" glauben kann, was „noch" vereinbar ist mit einem modernen Weltverständnis oder was von der biblischen Botschaft „noch" akzeptiert werden kann. Vielmehr plädiert er für eine religiöse Umkehr. Diese Umkehr kann bedeuten, Abschied zu nehmen von lieb gewonnen Glaubensvorstellungen mit dem Ziel, den Gott der Bibel auf neue Weise zu entdecken. Diese Haltung kann zu neuen religiösen Erfahrungen führen, indem sie akzeptiert, dass nicht alles intellektuell erklärbar ist.

In der Theologie hat die zweite Naivität erst durch den französischen Philosophen Paul Ricœur an Bedeutung gewonnen. Zum Umgang mit Bibeltexten stellt er das Konzept der „Symbolhermeneutik" vor. Diese Lesart der Bibel gründet auf einem historisch-kritischen Schriftverständnis, bleibt dabei jedoch nicht stehen, sondern fragt nach der tieferen Bedeutung der Texte. Bibeltexte werden zunächst auf ihren literarischen Charakter und historischen Gehalt hin befragt. Es wird wahrgenommen, ob es sich z. B. um eine poeti-sche Erzählung oder einen geschichtlichen Bericht handelt. Im Anschluss wird der Text mit der Haltung einer zweiten Naivität noch mal gelesen. So werden die Erkenntnisse der Bibelwissenschaften wahrgenommen und in den Glauben einbezogen.

---

36 Kopfermann, Arne: Auf zu neuen Ufern. Befreit zu einem ehrlichen Glauben, der trägt, Gerth Medien, Asslar [2]2020, S. 71.

„In einem zweiten Schritt müssen wir die Texte deshalb noch einmal lesen, und zwar so, als ob sie wahr seien. Eben dies meint ‚zweite Naivität' im Sinne Ricœurs: eine Haltung, die nach Durchgang durch alle Kritik zurückkehrt zum Text als ihm selbst, um sich jetzt – nach Überwindung einer vorkritischen Naivität mittels der kritischen Exegese – noch einmal dem Text als ihm selbst zuzuwenden. Das erstaunliche dabei ist, daß viele Passagen der Bibel, von denen wir mit größter Sicherheit sagen können, daß sie nichts oder nur sehr wenig Historisches im Sinne von geschehenen Ereignissen beinhalten, durch eben diese Perspektive des „Als-Ob" theologisch zu sprechen beginnen."[37]

Die Gefahr ist groß, zu denken, dass mit der „Als-Ob-Perspektive" die Wahrheit der biblischen Texte „nur symbolisch", also als „nicht wirklich" verstanden wird. Dies wäre jedoch zu kurz gedacht. Biblische Texte (auch) symbolisch zu lesen, bedeutet nicht, ihren theologischen Wahrheitsgehalt zu reduzieren (vgl. Gleichnisse Jesu). Bibeltexte können auf ganz unterschiedlichen Ebenen Wahrheit transportieren, die Wahrheitsebene[38] der Historizität ist nur eine davon.

Wust, Simon und Ricœur haben jeweils unterschiedliche Aspekte einer zweiten Naivität zur Sprache gebracht. Zusammenfassend kann man sagen, dass sich die Haltung einer ersten Naivität und die Haltung einer zweiten Naivität darin unterscheiden, ob etwas „noch geglaubt" oder „wieder geglaubt" wird. Noch glauben kann bedeuten, ohne jegliche Kritik, Anfragen und Zweifel vertrauensvoll an dem festzuhalten, was man selbst oder die christliche Gemeinschaft, von der man Teil ist, seit jeher glaubt. Wieder glauben kann bedeuten, Kritik, Anfragen und Zweifel ernst zu nehmen, ohne den Glauben über Bord zu werfen, mit dem Ziel eines reflektierten Vertrauens in Gott und das Leben.

Glut, die neues Feuer entfacht

Das Bild der Glut kann entlasten, denn es bringt zum Ausdruck, dass keine Person dauerhaft wie eine Wunderkerze vor Begeisterung sprühen muss. Ebenso wenig müssen Glaubende immer wie ein loderndes Feuer brennen, damit sich andere daran wärmen können. Die Glut reicht! Die Glut trägt alles in sich, um das Feuer der Begeisterung neu zu entfachen oder an anderer Stelle ein neues Lagerfeuer des Glaubens zu entzünden. Wer sich in einer Glut-Phase des Glaubens befindet, kann Gottes Geistkraft darum bitten, dass sie in die Glut pustet und das Feuer neu entfacht.

Asche

Wo Feuer und Glut sind, gibt es auch Asche. Die Asche kann ein positives Bild dafür sein, dass die Glut den Glauben und die Theologie von Schädlichem befreit hat. Sie kann jedoch auch für eine Zeit stehen, die geprägt ist von schmerzhafter Kälte. Eine Zeit, in der Gott

37 Negel, Joachim: Welt als Gabe. Hermeneutische Grenzgänge zwischen Theologie und Phänomenologie, Aschendorff Verlag GmbH & Co. KG, Münster 2013, S. 283.
38 Mehr zum Thema in: Büchert, Björn / Haubold, Katharina / Karcher, Florian (Hg.): TheoLab. Theologie für Nichttheologen. Geist. Bibel. Kirche, buch+musik ejw-service gmbh, Stuttgart 2022.

nicht erlebt wird und der Glaube keinen Halt gibt. Für solche Zeiten gibt es keine einfachen Lösungen oder Patentrezepte. Es kann jedoch hilfreich sein, vor sich selbst und vor Gott ehrlich zu werden. Dies kann bedeuten, sich neu bewusst zu werden, dass es nicht der eigene Glaube ist, der mich mit Gott verbindet, sondern Gott selbst es ist, der mich hält. In Psalm 73 ist ein Gebet zu finden, das zur täglichen Wiederholung und Vergewisserung in Asche-Zeiten geeignet ist: „Dennoch bleibe ich stets an dir; denn du hältst mich bei meiner rechten Hand, du leitest mich nach deinem Rat und nimmst mich am Ende mit Ehren an" (Ps 73,23-24 Lu). Der offene Austausch mit anderen, die bereit sind, von ihren Asche-Zeiten zu erzählen, kann dabei helfen, solche Phasen gemeinsam zu durchleben.

Holzscheit

Gottes Geistkraft entzündet das Feuer des Glaubens und hält die Glut am Glühen. Dennoch lohnt es sich, immer wieder zu fragen, welches „Holzscheit" auf die Glut gelegt werden kann. Hierfür gibt es kein genormtes Scheitmaß, keine Antwort, die für jede und jeden in gleicher Weise passt. Zu einem mündigen Glauben der zweiten Naivität gehört es, für sich selbst zu sorgen. Keine andere Person ist dafür verantwortlich, dass das Feuer der Begeisterung brennt. Ein Holzscheit, das auf die vorhandene Glut gelegt wird, kann ganz unterschiedlich aussehen: Eine neue Aufgabe, die Begeisterung entfacht. Kontakt mit Menschen, die eine andere christlichen Prägung haben. Formen der Spiritualität ausprobieren, die bisher fremd waren. Eine Gemeinschaft auf Zeit. Stille Tage an einem inspirierenden Ort. Mitarbeit bei einem Hilfsprojekt, bei dem der Glaube erlebbar wird. Neue Gebetsformen oder Formen des Bibellesens.

Es lohnt sich, immer wieder Neues auszuprobieren, indem ein vielleicht bisher unbekanntes Holzscheit auf die Glut gelegt wird.

Auf den Punkt gebracht

Es ist normal, dass sich der persönliche Glaube und die eigene Theologie im Laufe des Lebens verändert und entwickelt. Im Unterschied zur ersten Naivität, die vieles unkritisch glaubt, glaubt die zweite Naivität nachkritisch, das bedeutet, sie nimmt Kritik am Glauben und Zweifel ernst und integriert diese. Ein reflektierter Glaube kann geprägt sein von einem Grundvertrauen in den dreieinen Gott.

Tipps zur Vertiefung

- Benz, Martin: Wenn der Glaube nicht mehr passt – ein Umzugshelfer, Neukirchener-Verlagsgesellschaft mbh, Neukirchen-Vluyn 2022
- Podcast: RefLab. Ausgeglaubt, Unter freiem Himmel – Das Lagerfeuer für Nomaden Christ:innen, www.reflab.ch/podcast/unter-freiem-himmel

Verwendete Literatur

- Faix, Tobias / Hoffmann, Martin / Künkler, Tobias: Warum wir mündig glauben dürfen – Wege zu einem widerstandsfähigen Glaubensleben, SCM-Verlag GmbH & Co. KG, Witten 2015
- Kopfermann, Arne: Auf zu neuen Ufern. Befreit zu einem ehrlichen Glauben, der trägt, Gerth Medien, Asslar [2]2020
- Negel, Joachim: Welt als Gabe. Hermeneutische Grenzgänge zwischen Theologie und Phänomenologie, Aschendorff Verlag GmbH & Co. KG, Münster 2013

Tool: Glaube ich. Glaube ich nicht [mehr]. Glaube ich wieder [anders].

von Björn Büchert

Dieses Tool soll dazu beitragen, selbst wahrzunehmen, wie sich der persönliche Glaube und die eigene Theologie im Laufe des Lebens gebildet und vielleicht verändert hat. In der Tabelle, die es auch als Download gibt, werden unterschiedliche Themenfelder und Statements benannt.[39] Durch das jeweilige Ankreuzen kannst du einen aktuellen Standpunkt bestimmen. Dabei geht es nicht um eine Wertung, sondern vielmehr um eine Wahrnehmung deines eigenen Denkens und Glaubens. Es kann ersichtlich werden, dass du Glaubenssätze, die du früher geglaubt hast, noch immer, nicht mehr oder wieder glaubst.[40] Diese Wahrnehmung kann dir helfen, dir bewusst zu machen, welche theologischen Grundannahmen dich leiten bzw. in der Vergangenheit geleitet haben.

Zur Vertiefung kannst du formulieren, warum du das Kreuz an der jeweiligen Stelle gesetzt hast. Wie kam es zu dieser Meinung? Wer oder was war prägend? Außerdem kann es im Anschluss dienlich sein, dich zu fragen, wo andere aus deinem direkten (christlichen) Umfeld ihr Kreuz setzen würden und welche Auswirkung das auf dich hat.

Wenn du das Tool mit einer Gruppe verwendest, könnt ihr gemeinsam einzelne Aussagen auswählen, um darüber ins Gespräch zu kommen. Im Fokus sollte dabei weniger die Diskussion stehen als vielmehr das offene Zuhören. Jede Person kann daran Anteil geben, wie sie biografisch und theologisch zum jeweiligen Standpunkt gekommen ist.

---

39 Inspiriert zu diesem Tool hat mich Nathalie Armbruster durch ihren Beitrag im Hotline Magazin des CVJM Württemberg, Ausgabe 1/2021 zum Thema „ehrlich glauben".
40 Das Tool bietet bewusst nur drei Wahlmöglichkeiten, wohl wissend, dass die Aussagen deutlich differenzierter reflektiert werden können.

	Glaube ich	Glaube ich nicht [mehr]	Glaube ich wieder [anders]	Warum?
Gott hat die Welt erschaffen				
Der Mensch ist gut				
Gott erhört jedes Gebet				
Wunder geschehen				
Gott ist allmächtig				
Homosexualität ist Sünde				
Gott hat eine Mission				
Jesus ist von den Toten auferstanden				
Was in der Bibel steht, muss historisch so passiert sein				
Gerechtigkeit ist Gott wichtig				
Gott lässt Leid zu				
Es gibt eine Hölle				
Gott ist personal				
Feindesliebe ist lebbar				
Bibeltexte sind wahr				
Jesus ist für mich am Kreuz gestorben				
Gott liebt alle Menschen				
Alle Menschen kommen in den Himmel				
Jesus ist Gott				

Mit den Fuck-ups leben lernen

von Petra Lampe

Wer versucht, ein vollkommen guter Mensch zu sein, und immer alles richtig machen möchte, der wird scheitern. Die Schuld oder Verantwortung dafür liegt meist gar nicht bei der Person selbst, sondern vielmehr im System. Wahrscheinlich hast du das in deiner Biografie schon erlebt. Wir scheitern an unseren eigenen Ansprüchen, in Beziehungen, an Aufgaben, am Elternsein, bei der Erziehung, in der Schule, im Job oder beim Jobinterview, daran, die eigene Meinung zu sagen, Nein zu sagen, Versprechen zu halten, freundlich zu sein oder emphatisch, zu verzeihen, Deadlines einzuhalten, pünktlich zu sein, alles richtig zu machen.

Man kann in dieser Welt gar nicht alles richtig machen. Philosophischer ausgedrückt: „Es gibt kein richtiges Leben im falschen."[41] Gott weiß das. Deshalb schenkt er uns ein neues Leben. Wenn Scheitern aber so unumgänglich ist und Gott das weiß, warum reden wir dann gerade in christlichen Kreisen so wenig darüber?

Die Antwort darauf ist relativ simpel: Es ist schmerzhaft. Es tut weh, sich einzugestehen, dass man etwas falsch gemacht hat oder erst gar nicht aus eigener Kraft hinbekommt. Wenn wir allerdings bei diesem Schmerz stehen bleiben, anstatt darüber zu reden und ihn zu reflektieren, verbauen wir uns die Chance, zu lernen und zu wachsen. Es bleibt bei Niederlage, Bruch und gestörten Beziehungen. Wenn wir uns allerdings mit dem Scheitern auseinandersetzen, können wir nicht nur daran wachsen, sondern auch etwas von unserer Erfahrung weitergeben. Wir werden emphatisch mit allen Gescheiterten. Als Christinnen und Christen sollte dies eigentlich unsere Stärke sein. Die Bibel ist voll von gescheiterten Persönlichkeiten, die trotzdem von Gott berufen wurden. Sie sind an ihren Aufgaben gewachsen. Sie durften lernen und erleben: Ich kann und muss das alles nicht allein schaffen. Wenn ich meine Ängste und Sorgen an Gott abgebe, dann darf ich auf ihn vertrauen. Auch wenn das nicht bedeutet, dass wir nicht wieder scheitern werden. Unser Glaube kann mit unserem Scheitern wachsen. Deshalb sind Brüche in unserer Biografie oft nicht nur unvermeidbar, sondern auch wichtig und gut.

Um mir das sinnbildlich zu verdeutlichen, finde ich die traditionelle japanische Reparaturmethode Kintsugi für Keramik besonders anschaulich. Bruchstücke werden mit einem Lack geklebt, fehlende Scherben werden mit einer Kittmasse ergänzt, in die feinstes Pulvergold eingestreut wird. Das gekittete Porzellan wird einzigartig und wertvoller als zuvor. Die Fehlerhaftigkeit wird wertgeschätzt, die Goldverbindung hebt den vermeintlichen Makel sogar hervor.

---

41 Adorno, Theodor W.: Minima Moralia, Gesammelte Schriften 4, Suhrkamp, Frankfurt am Main 1997, S. 43.

Du bist wertvoll trotz und gerade aufgrund deines Scheiterns. Dein Scheitern ist erwünscht. Gott wird die Narben, die du dabei davonträgst, heilen und vergolden. Spätestens in Gottes erneuerter Welt.

Es geht nicht um Schuld

Scheitern, was bedeutet das eigentlich? Im Duden finden wir folgende Definition: „ein angestrebtes Ziel o. Ä. nicht erreichen, keinen Erfolg haben, misslingen, missglücken, fehlschlagen"[42].

Schnell sind wir dabei, nach dem Grund zu fragen: Warum habe ich mein Ziel nicht erreicht? Wieso hatte das Projekt keinen Erfolg? Weshalb schlugen alle meine Bemühungen fehl? Oft ist die Antwort einfach. Wir suchen nach Schuldigen. Mal landen wir dabei bei uns selbst, oft bei den anderen und manchmal bei den Umständen. Was aber, wenn es gar nicht um Schuld geht, sondern um Bewusstsein? Nicht um eine schuldhafte Last, sondern um Erkenntnis?

Unterm Strich könnte man wahrscheinlich sagen, dass du seit dem Tag deiner Geburt stets dein Bestes gegeben hast. Sicher hättest du für die eine oder andere Klausur mehr lernen, den Müll besser trennen oder aufmerksamer sein können, als es einer Freundin oder einem Freund schlecht ging. Doch mehr ist manchmal einfach nicht drin. Wir alle wissen, wie fordernd der Alltag sein kann, und doch schaffen wir es an den meisten Tagen, aufzustehen und weiterzumachen mit Job, Kindern, Studium, Ausbildung, Ehrenamt, Leben. Wir sind Heldinnen und Helden des Alltags. Das dürfen wir auch ruhig mal als Erfolg feiern. Warum haben wir dann aber oft das Gefühl, mehr geben zu müssen, erfolgreicher, engagierter, perfekter sein zu müssen?

Das System, in dem wir leben, gaukelt uns vor, dass es für alles das perfekte Maß gibt. Die perfekte Figur, die perfekte Antwort, die perfekte Beziehung, die perfekte Karriere, den perfekten Look für Instagram. Und wir steigen darauf ein, obwohl wir von Anfang an wissen, dass es immer eine Person geben wird, die perfekter ist. Wir verurteilen uns selbst zum Scheitern, indem wir danach streben, perfekt zu sein.

Wie wäre es also, wenn wir uns diese falsche Gewohnheit bewusst machen? Und es mit Paulus halten, der an die Gemeinde in Korinth schreibt: „Aber der Herr hat zu mir gesagt: ‚Du brauchst nicht mehr als meine Gnade. Denn meine Kraft kommt gerade in der Schwäche voll zur Geltung' (2. Kor 12,9 BB)." Ich will also gern stolz auf meine Schwäche sein. Dann kann sich an mir die Kraft von Christus zeigen.

Wir dürfen Gott unseren falschen Perfektionismus vor die Füße legen, unseren Blick wandeln, unsere Schwächen, Niederlagen und Brüche feiern. Gott hat zugesagt, ein Gott der

---

42 Duden online: www.duden.de/rechtschreibung/scheitern.

zweiten, dritten und vierten Chancen zu sein. Und seine Kraft kommt gerade in unserem Scheitern zur Geltung. Dann, wenn wir uns nicht mehr auf unseren eigenen Perfektionismus und Erfolg verlassen. Nicht selten führt dies dann zu ganz neuen Lebenswegen und Entscheidungen. Wir werden berufen für Dinge, von denen wir gar nicht erwartet hätten, dass sie uns gelingen.

Nicht ohne Grund haben wir oft das Gefühl, gestärkt aus einer Krise hervorzugehen. Mit dem Perspektivenwechsel öffnet sich die Tür zum Wachstum. Wir können das Scheitern in Lernen verwandeln. Dazu gehört natürlich auch, sich die Situation des Scheiterns im Nachhinein anzuschauen und zu reflektieren: Wo hatte ich meinen Anteil? Wie kann ich Verantwortung übernehmen, da, wo andere durch mein Scheitern verletzt wurden? Dies funktioniert besonders gut, wenn ich mein Erlebtes mit anderen teile. Über mein Scheitern zu sprechen, kann Teil so einer Reflexion sein.

Die Gemeinschaft der Anonymen Alkoholiker

Ein Beispiel dafür, wie man heilsam über etwas sprechen kann, ist die Gemeinschaft der Anonymen Alkoholiker. Sie teilen miteinander ihre Erfahrung, Kraft und Hoffnung, um ihr gemeinsames Problem zu lösen und anderen zur Genesung vom Alkoholismus zu verhelfen. Bei wöchentlichen Meetings sprechen sie von ihrer Erfahrung mit dem Trinken, dem Aufhören und dem Leben ohne Alkohol. Sie helfen damit sich und anderen, „trocken" zu bleiben. Durch ihr Beispiel im Meeting und im täglichen Leben zeigen sie anderen Menschen, die noch unter ihrer Alkoholsucht leiden, einen Weg da raus. Das vermeintliche Scheitern bei Rückfällen wird zur Lernerfahrung, ist Teil des Prozesses, hilft anderen und lässt „Gescheiterte" zum Vorbild werden. Als Reflexionshilfe dienen der Gemeinschaft zwölf Schritte, die gemeinschaftlich erarbeitet wurden und auch zum Beispiel für andere Selbsthilfegruppen wurden.

Wenn wir uns die zwölf Schritte anschauen, werden wir feststellen, dass es auch bei ihnen nicht um Schuld geht, sondern vielmehr um ein Bewusstmachen, eine Inventur, darum, sich Dinge einzugestehen und Verantwortung zu übernehmen.[43]

Fuck-up-Nights

Ein weiteres Beispiel für heilsames Reflektieren bieten die sogenannten Fuck-up-Nights. Viel zu selten treffen wir uns einfach mal so abends mit Freundinnen und Freunden, um zu erzählen, was bei uns zuletzt schiefgegangen ist, welches Projekt wir so richtig in den Sand gesetzt haben oder wo bei uns etwas in die Brüche gegangen ist. Wir berichten lieber von Dingen, die uns gut gelungen sind. Wer will denn schon als Versagerin oder Versager dastehen?

Aber es gibt Leute, die sprechen nicht nur im vertraulichen Vier-Augen-Gespräch über Fehler, die sie gemacht haben, sondern stellen sich vor Hunderten Leuten auf die Bühne. Das Format, das 2012 in Mexiko gegründet wurde, heißt Fuck-up-Night. In mittlerweile

---

43 www.anonyme-alkoholiker.de/downloads/Zwölf-Schritte.pdf.

über dreihundert Städten weltweit berichten Menschen von gescheiterten Geschäftsideen und Projekten. Es geht darum, Menschen Mut zu machen und zu zeigen, dass man scheitern darf.

Ziel ist es, das Schweigen zu brechen, eine neue Fehlerkultur zu pflegen und bei anderen zu sehen, dass Rückschläge nicht nur menschlich, sondern auch lehrreich sind. Die Vortragenden greifen das Thema locker und humorvoll auf und beantworten nach den kurzen Vorträgen offen und ehrlich die Fragen des Publikums. Dazu gibt es Bier und Softdrinks, um zu zeigen, dass dieses Scheitern alltäglich und mitten im Leben geschieht und nicht abgesondert werden muss als depressive Reflexionsrunde in einem Bürokomplex. Denn wichtig ist, dass wir nach Fehlern nicht den Kopf in den Sand stecken, sondern das Beste daraus machen. Dies gilt nicht nur für den beruflichen Kontext, sondern auch für das ganz persönliche Scheitern. Allerdings braucht es dazu Arbeitgeberinnen und Arbeitgeber, Kirchengemeinden und Gemeinschaften, die Fehler nicht verurteilen. Ja, es braucht eine ganze Gesellschaft.

Manches Scheitern ist Gewinn

Wenn wir erst das Potenzial vom Umgang mit schmerzhaften Prozessen entdeckt haben, öffnet sich auch unser Blick für die sogenannten Erfolgsstorys von inspirierenden Persönlichkeiten, die insgeheim oft genau so viel vom Scheitern wie vom Erfolg erzählen, da das Scheitern Teil des Erfolgsprozesses war. Im Rückblick ist eben so manches Scheitern doch ein Gewinn.

Thomas Alva Edison, so heißt es, unternahm fast neuntausend Versuche, bis er die Glühlampe zur Marktreife entwickelt hatte. Nach dem tausendsten Versuch sprach ein Mitarbeiter vom Scheitern. Edison soll erwidert haben: „Ich bin nicht gescheitert. Ich kenne jetzt 1000 Wege, wie man keine Glühlampe baut."[44]

Man könnte sagen, dass Edison genau das richtige Mindset hatte, die richtige Einstellung zu seinen Rückschlägen, um ein großer Erfinder zu werden. Er hat daraus gelernt, hat überlegt, was er beim nächsten Mal anders und besser machen muss, um seinem Ziel wieder etwas näher zu kommen. Gleichzeitig gilt er jedoch als skrupelloser Vermarkter seiner Ideen, führte viele Urheberrechtsstreitigkeiten und quälte Tiere, um die Auswirkungen von Wechselstrom zu demonstrieren, was in der Erfindung des elektrischen Stuhles gipfelte.[45] Vielleicht hätte sich Edison dem ein oder anderen Scheitern besser länger widmen sollen. Er hätte die Reflexion nutzen können, um zu lernen, wie sich nicht nur ein Produkt oder eine Idee verbessern lässt. Im Scheitern steckt auch die Chance, zu erkennen, was wirklich wichtig ist. Was sind die Werte, die uns bleiben, wenn gefühlt alles um uns herum zusam-

44 Zitiert nach: Mut gehört dazu, Börsenblatt 2018, www.boersenblatt.net/bookbytes/archiv/1418842.html.
45 Iken, Katja: Moderner morden, SPIEGEL Geschichte, 2015, www.spiegel.de/geschichte/elektrischer-stuhl-william-kemmler-1890-hingerichtet-a-1045618.html.

menbricht? Worauf können wir uns noch verlassen? Was bleibt von uns, wenn Beziehungen in die Brüche gehen, wir den Job verlieren, der einen großen Teil unseres Lebens ausgemacht hat, oder Träume zerplatzen.

Oft scheitern wir nicht, weil wir faul oder überfordert sind, sondern weil das Leben selbst uns auf den Boden unserer eigenen Existenz zurückwirft, zurück zum Grund, dem Felsengrund der eigenen Existenz. In den poetischen Liedern der Bibel, den Psalmen, wird so auch von Gott geredet: „Ja, du bist mein Fels" (Ps 31,4a BB) oder „Sei mir ein starker Fels" (Ps 31,3b Lu)!

Es gibt einen Grund, der trägt. Und manchmal ist Gott auf diesem Boden leichter zu spüren als in den überschwänglichen Glücksmomenten. Er ist da, wenn Träume zerplatzen, wenn Mitarbeitende gehen, wenn Projekte nicht so laufen, wie erhofft, und sich das, was wir uns selbst als Glück vorgestellt haben, als trügerisch erweist.

Aber da ist noch mehr. Gott bietet nicht nur Halt, wenn wir uns mit unserem Versagen auseinandersetzen müssen. Gott identifiziert sich mit denen, die scheitern. Die Botschaft, dass Gott Licht und Heil ist, wird nicht den starken Menschen anvertraut, den Perfektionistinnen und Perfektionisten, denen, die vermeintlich alles richtig machen, sondern denen, die ihre Schwächen kennen und darüber sprechen können. Denn sie wissen, dass man auch vor Gott scheitern kann und trotzdem gesehen und geliebt wird.

Diese Message nimmt in der Bibel Gestalt an, im wahrsten Sinne des Wortes. Wer die Evangelien liest, der bekommt dort einen Menschen gezeigt, der scheitert. Der seine Krone verliert, um sie gegen eine Dornenkrone einzutauschen. Das Kind Jesus, in einem Stall in Bethlehem geboren, nach wenigen Tagen auf der Flucht vor denen, die ihn im Auftrag von König Herodes töten sollen. Und trotzdem sagt der Prophet Simeon zu ihm, dass er das Licht sei, das für die Völker leuchten wird, um Gottes Herrlichkeit aufscheinen zu lassen (vgl. Lk 2,32). Und dann der erwachsene Jesus: gefangen, gefoltert, gekreuzigt, gestorben. Und auch gescheitert? Auf dem Weg nach Emmaus begegnet er seinen Jüngern. Sie erzählen sich die Fuck-up-Geschichte ihres Herrn. Sie reden von enttäuschten Hoffnungen. Und genau in diese Situation kommt er, redet mit ihnen, teilt das Brot mit ihnen und sie erkennen im Gescheiterten den, der über den Tod gesiegt hat und neues Leben anbietet. Genau in dem Moment, als alles auseinanderzubrechen scheint.

Auf den Punkt gebracht

Wir alle scheitern. Darüber zu reden, kann helfen, zu wachsen, bewahrt allerdings nicht vor erneutem Scheitern. Der Gewinn dabei ist, uns selbst sowie Gott besser kennenzulernen und berufen zu sein, seine gute Nachricht weiterzugeben: Gott ist mit allen Gescheiterten und lässt sie Licht und Heil für die Welt sein.

Tipps zur Vertiefung

- Herker, Maggie: Scheitern für Anfänger,
  www.youtube.com/channel/UCzBjecmpUiZUklptd98qNVA
- Podcast: Hossa Talk: Reformation des Herzens, Nummer 55,
  www.hossa-talk.de/55-reformation-des-herzens,
  Gott hat keinen Plan. Sie hat ein Ziel, Nummer 152,
  www.hossa-talk.de/152-gott-hat-keinen-plan-sie-hat-ein-ziel
- Johannes Haushofer im Gespräch mit Michael Böddeker: Lebenslauf der Fehlschläge,
  Deutschlandfunk, 2016, www.deutschlandfunk.de/lebenslauf-der-fehlschlaege-fuer-
  uns-ist-es-alltaeglich-100.html

Verwendete Literatur

- Grün, Anselm / Wu, Hsin-Ju: Warum immer ich? Beziehungsmuster erkennen
  und aufbrechen, Vier Türme GmbH, Münsterschwarzach 2022
- Hauck, Barbara: Predigt: Vom Sinn des Scheiterns,
  Sonntagsblatt vom 2. September 2018 (Jes 49,1-6),
  www.sonntagsblatt.de/artikel/glaube/predigt-vom-sinn-des-scheiterns-jes-49-1-6
- Rodemann, Evi: Scheitern erwünscht! Warum uns Krisen als Leitende wachsen lassen,
  SCM R.Brockhaus in der SCM Verlagsgruppe GmbH, Holzgerlingen 2022

TOUR 4

Story: Vom Wunsch, gesehen zu werden

von Göran Schmidt

Achtung: Dieses Kapitel enthält Hinweise auf sexualisierte Gewalt.

Ich will Mitarbeiter sein

Im Anfang war der Wunsch. Der Wunsch, gesehen zu werden und Bedeutung zu haben. Zugehörig zu sein zu einer Gruppe von Menschen, die mich wahrnimmt und in der ich einen Platz finden kann als Mitarbeiter. Mitarbeiter – dieses Wort ist eines der ersten, an das ich mich erinnere, wenn ich an meine biografisch-theologische Reise denke, die mit acht Jahren auf einer Kinderfreizeit der Ephorie Glauchau bei Zwickau in Sachsen begann. Mitarbeitende, das waren die coolen, lustigen Typen, die Geländespiele veranstalteten und Sprüche klopften, die sich in Abenteuer hineinwagten und zum Affen machten. Sozusagen meine Vorbilder der ersten Stunde. Diese ersten Schritte und Erfahrungen sind jedoch nur vor dem Hintergrund der Wende zu verstehen.

Ich bin in der Karl-Marx-Stadt, dem heutigen Chemnitz, geboren, und war fast sechs Jahre alt, als die Mauer fiel. Doch die DDR als Sozialisations- und Lebensort hörte 1989 nicht plötzlich auf, sondern begann sich erst nach und nach zu verändern. Ich bin also ein „Wendekind", wie ich oft sage. Gemeinsam mit meinem Zwillingsbruder und vielen anderen Kindern unseres Alters.

„Schick sie doch bei der Kirche mit." So oder so ähnlich muss es wohl eine Freundin und Arbeitskollegin gegenüber meiner Mutti formuliert haben. Die DDR hatte ideologiebedingte Vollbeschäftigung. Und so galt es für zwei berufstätige Elternteile, die Sommerferien gut zu organisieren. Meine Mutti war Zahnärztin und zu der Zeit mit der Privatisierung ihrer Praxis und ihrer Doktorarbeit beschäftigt. Mein Vati war als Werkzeugmaschineningenieur gerade mit Umschulungen beschäftigt. Die Erwachsenenwelt hatte alle Hände voll zu tun: mit der neuen Zeit und ihren Herausforderungen, die wohl alles andere waren als spontan „blühende Landschaften".

In dieser Melange aus „Leere nach der Wende" und „Die Kirche ist immer noch da" begann ich also, in dieser neuen Zeit aufzutauchen, begann, mich gesehen und zugehörig zu fühlen. Genau das war es, was ich auch wollte: dazugehören, Mitarbeiter sein. Und das hieß, sich konfirmieren zu lassen. Dieser Schritt war für mich der erste entscheidende Veränderungsschritt in meiner Biografie – hin zum Glauben und zum Mitarbeitersein.

Doch bis es so weit war, sollten noch ganz andere, zum Teil schmerzhafte Erfahrungen auf mich warten ...

Von Abhängigkeiten und Verunsicherungen

Es waren in dieser Zeit nicht nur positive Kräfte, die zu füllen versuchten, was leer und angewiesen war. Auf der Suche nach Zugehörigkeit und Freundschaft fand sich schnell ein Schaffner am Dorfbahnhof, der uns faszinierte. Es sollte sich herausstellen, dass es eine menschlich und geistlich verhängnisvolle Begegnung sein sollte. Der Bahnhof im Dorf gegenüber, ein angelegter Garten auf dem Bahndamm, Müllsammelaktionen, Geschenke wie ein Walkie-Talkie und ein Skateboard sowie Gespräche über diesen Jesus Christus (jedoch gefüllt mit grenzüberschreitenden Sonderlehren und zerstörerischen Gottesbildern) waren Dinge, die mich anzogen und die die von den Erwachsenen unbeaufsichtigte Nachwendeleere füllten. Schon mit neun Jahren fand sich ein kleiner Junge auf der Suche nach Zugehörigkeit vor dem Amtsgericht Hohenstein Ernstthal wieder, gemeinsam mit Eltern und Kindern Dutzender anderer Familien aus unserem kleinen Dorf im Vorland des Erzgebirges.

Sexuelle Übergriffe und manipulative Einflussnahme auf Kinderseelen waren die Hauptthemen. Toxische Religiosität und manipulativer religiöser Machtmissbrauch standen im postsozialistischen Umfeld weniger im Fokus.

Zu biografisch-theologischen Veränderungsprozessen gehört eben auch die rückwirkende Erkenntnis, dass sich unter dem Deckmantel des christlichen Glaubens „falsche Prophetinnen und Propheten" tummeln, die seelischen und körperlichen Schaden anrichten können – auch bei mir. Biografisches Lernen und psychologische Aufarbeitung gehörten hier für mich eng zusammen.

Ein Veränderungsprozess, der meinen Weg ebnete, sodass ich später Theologie am CVJM-Kolleg in Kassel studierte, um auf der Suche nach der Wahrheit den allerbersten Lehrer neu zu finden, den Gott zu bieten hat: Jesus Christus.

Ein Ort der zugesprochenen Rettung

Konfirmation. Mein bester Freund Axel, mein Zwillingsbruder Ulf und ich meldeten uns einfach an. Bei uns im Ort, in Rödlitz. Denn Kirche war noch da und es gab da einen neuen Pfarrvikar. Durch und durch lutherisch und gläubig. Wir haben den Konfirmandenunterricht nicht ohne innere und äußere Kämpfe durchlebt. Es war eine Zeit des „Hineintauchens" und „Getauchtwerdens" in diese neue Welt des Glaubens. An einem Lagerfeuer zur Konfirmandenrüstzeit in Erfurt sollten wir uns nach einem lustigen Nachmittag Zeit nehmen, um uns auf die Konfirmation vorzubereiten. Anhand der Zehn Gebote mit ausformulierten Vertiefungsfragen durften wir unsere Schuld und Sünden bekennen. Konnten sie aufschreiben und im Feuer verbrennen. Mein bester Freund Axel und ich – wir verdrückten uns für viele Stunden in den Wald. Weit länger als geplant. Schrieben und schrieben uns die Kinderherzen frei und die Schuld von unserer Seele. Kleine und große Bekenntnisse waren dabei – eingeredete und nichtige, aber auch aufrichtige und ehrliche. Mit dieser Erkenntnis verließ ich den Wald, als es bereits dämmerte. Das heruntergebrannte Feuer, an dem immer noch unser Pfarrer stand, wurde zum Ort der zugesprochenen Rettung. „Denn wenn du deine Sünden bekennst, so ist Gott dir treu und gerecht, dass er dir alle deine

Sünden vergibt und dich heilt von allen Verletzungen. Ich sage dir, Göran, im Namen von Jesus Christus: Dir sind deine Sünden vergeben. Geh und sündige hinfort nicht mehr." Diese Beichte und Absolution wurden mir zur Quelle des Vertrauens in Jesus Christus und zum aufrichtigen Bekenntnis – in meinem gelben Jackett vor versammelter Gemeinde am 8. Mai 1998. Ja, ich glaube. Mit Gottes Hilfe.

Heimat in den Umbrüchen der Wende

Im Rückblick erkenne ich, dass zum Zeitpunkt der Konfirmation eine kleine Erweckung in Rödlitz, Heinrichsort und sicher auch darüber hinaus stattgefunden hat. Größere Teile der Konfirmandenjahrgänge vor und nach uns „kamen zum Glauben", wie wir es nannten. Kirche wurde uns zum sicheren Hort. Hier fanden wir Heimat in den Umbrüchen der Wende: in der Jungen Gemeinde, im selbst ausgebauten Jugendkeller, im Volleyballspiel samstagnachmittags und in den Gottesdiensten. Vor allem waren es die Wochenenden, die uns zum Heimatort wurden und innige Gemeinschaft ermöglichten. Jeden Freitag um 19.30 Uhr trafen wir uns: dreißig bis vierzig Jugendliche bei uns im Dorf, die zusammen beteten, Bibel lasen, sangen, Mopeds lackierten, Spaghetti kochten, über Felder streiften, tranken, paddelten, tanzten und feierten. Es waren „wir, die jungen Leute", die die Gottesdienste selbst gestalteten, und es waren die Jugendleiter und Pfarrer, die all dies ermöglichten. Heraus kam ein intensives Mitarbeitersein in dieser neuen Familie Gottes. Dies war für mich ein weiterer Veränderungsschritt auf meinem Weg, hin zur Lebenswende. Ich wurde Mitarbeiter und konnte mit vielen anderen Nachfolge, Scheitern und Vergebung einüben, meine Mitarbeitereigenschaften stärken und in all dem den Heimatort im Glauben mitgründen und gestalten, den wir uns so sehr wünschten.

Die Lebenskunst des Seins

Der Weg hin zu diesem Punkt war ein langer. So hinterfragte ich auf ihm z. B. die stark lutherisch geprägte Theologie, die Ostern und den auferstandenen Jesus Christus ausschließlich durch den leidenden Gottessohn sieht. Die nächste Veränderung meiner geistlichen und theologischen Prägung zeichnete sich hier schon sehnsuchtsvoll am Horizont ab und wurde begleitet durch den studienbedingten Umzug in den Südwesten der Republik, nach Baden-Württemberg. Es war eine Flucht vor den überhandgenommenen negativen und manchmal destruktiven Perspektiven und Deutungen meiner jungen Erwachsenenjahre, und gleichzeitig gab es eine Ahnung, dass hinter dem Kreuz noch mehr Sehnsucht und Hoffnung warten könnten, als ich es bisher geahnt hatte. Sowohl das Theologiestudium am CVJM-Kolleg mit seiner theologischen Weite und Tiefe, seiner innigen Lebens- und Glaubensgemeinschaft und seinem hohen Maß an theologischer Reflexionskompetenz als auch das Gemeindediakonie- und Religionspädagogikstudium in Freiburg brachten neue Perspektiven.

Aber in all dem, was sich an studierten Einsichten und biografisch errungenen Wahrheiten zu meiner Theologie hinzugesellte, war die eine doch die wichtigste: Alles, was ich hier beschrieben habe, gehört sehr wohl zu einem theologischen Veränderungsprozess und einem „Erwachsenwerden im Glauben" dazu und macht mich aus. Theologie ohne Biografie und ohne einen Bezug zu den Sehnsüchten, Brüchen und Hoffnungen meines eigenen Lebens wäre nicht denkbar oder glaubbar. Es kommt viel weniger auf das an, was ich tun und leisten kann, auf mein Mitarbeitersein, als vielmehr auf das, was ich in Gottes Augen bereits bin: ein Gesehener von dem Gott, den Hagar „El Roi" nannte: „Du bist ein Gott, der mich sieht" (1. Mose 16,13b Lu).[46] Oder um es mit einem Lied zu beschreiben: „Ja, ich danke dir, dass du mich kennst und trotzdem liebst."[47]

---

46 Diese Gottesbezeichnung aus dem Hebräischen kommt nur in 1. Mose 16,13 vor und bedeutet ursprünglich „Gott, der mich sieht". Siehe: Koenen, Klaus: El Roi, WiBiLex, 2007, www.bibelwissenschaft.de/stichwort/17436.

47 Frey, Albert: Wo ich auch stehe, Hänssler Verlag, Holzgerlingen 1994.

Orte, die helfen, ehrlich zu glauben

von Paulien Wagener

Wer einen Wandel im Glauben erlebt und bekannte Lehren und Sichtweisen zurücklässt, betritt unbekanntes Land und lässt Sicherheiten im Glauben zurück. Damit kann auch die Frage einhergehen, ob die gewohnte Gemeinschaft Platz für solche Veränderungen hat oder mit dem Glaubenswandel der Austritt aus der Gemeinde einhergehen muss. Das Verlassen der Gemeinschaft geschieht jedoch oft nicht leichtfertig und schmerzfrei. Wie kann christliche Gemeinschaft Offenheit für Fragen und Zweifel signalisieren, um diesen Menschen weiterhin Halt zu bieten bzw. diese Menschen aufzunehmen?

Die Gründe, warum Menschen nach einer Glaubensveränderung nicht mehr in die Gemeinde / bisherige Gruppe gehen, können sehr verschieden sein. Was allen Menschen gemeinsam ist: Sie möchten ernst genommen werden und sich gesehen fühlen, möchten sich anderen mitteilen und anderen auf Augenhöhe begegnen. Und dafür braucht es Vertrauen. Wer in einer Gemeinde verletzt wurde (emotional, körperlich, psychisch, geistlich), wird oftmals nicht ohne ein gewisses Maß an Vertrauen in eine alte oder neue Gemeinde finden. Bei anderen fehlt die Perspektive, dass man sie mit ihren neuen Vorstellungen zum Glauben und zur Lebenspraxis in einer Gemeinschaft hört und ernst nimmt. Manchmal ist es darum leichter, nicht gleich eine christliche Gemeinschaft zu suchen, wenn man eine Glaubensveränderung durchmacht oder durchgemacht hat, sondern eher zunächst die Begegnung mit Gleichgesinnten.

Gleichgesinnte kann man heutzutage glücklicherweise ganz unabhängig vom Wohnort finden: im Internet. So gibt es auch im christlichen Umfeld zahlreiche Instagram-Accounts, Podcasts, Discord-Channels und Facebook-Gruppen, in denen Menschen sich über ihre Glaubensveränderungen austauschen. Formate wie Podcasts bieten den Zuhörenden die Möglichkeit, anonym und gleichzeitig wenig gefiltert Perspektiven und persönliche Geschichten anzuhören, die in Gemeinden möglicherweise nicht oder kaum erzählt werden. In Instagram-Posts werden Glaubenssätze hinterfragt. Menschen finden auf Discord den Raum, ihre Meinungen oder auch unfertige Gedanken mit anderen zu teilen, ohne sich erklären oder rechtfertigen zu müssen.

Sichere Räume schaffen

Das bringt uns zu dem ersten Ansatz: Sichere Räume (engl. safe spaces) schaffen. Der Begriff „safe spaces" kommt ursprünglich aus der queeren Szene. Er wird inzwischen insgesamt für Gruppen von Menschen verwendet, die eine ähnliche Diskriminierung erlebt haben und sich austauschen wollen. So treffen sich Menschen, die Rassismus erlebt haben, unter sich, um über diese Erfahrungen zu sprechen. Denn Außenstehende verstehen diese Erfahrungen oftmals nicht, hinterfragen sie und nehmen sie unter Umständen nicht ernst. Aber nicht ernst genommen zu werden, nachdem man sich geöffnet hat, das verletzt umso mehr. Ein sicherer Raum im Sinne von safe space ist also ein Ort, an dem Betroffene, die eine ähnliche gewaltvolle Erfahrung gemacht haben, Verständnis finden, ohne sich erklären zu müssen.

Die meisten christlichen Gemeinschaften sind keine sicheren Räume in diesem Sinne, weil sie sich nicht aus Menschen mit einer gemeinsamen Diskriminierungserfahrung zusammensetzen. Darum können sie es auch nicht werden. Allerdings können sie die Bildung solcher Gruppen innerhalb der Gemeinde unterstützen. Praktisch geht es hier z. B. um safe spaces für Menschen, die von Rassismus betroffen sind, für queere Menschen oder Menschen, die aufgrund ihres Milieus (ihrer sozialen Schicht) ausgegrenzt werden. Auch ein safe space für Menschen, die Gewalt in Gemeinschaften erlebt haben, ist denkbar, wobei man für sich und ggf. mit therapeutischer Begleitung prüfen sollte, ob einem ein safe space innerhalb oder jenseits christlicher Gemeinschaft mehr helfen würde.

Solche sicheren Räume im weiteren Sinne können auch für Menschen, die eine Glaubensveränderung erlebt haben, eröffnet werden. Das kann z. B. im Rahmen eines eigenen Hauskreises geschehen. Hier können sich Menschen mit Zweifeln, Fragen und veränderten Glaubensansichten offener äußern, als sie es bei anderen Menschen aus der Gemeinde tun könnten, weil sie sich nicht erklären müssen. Auch Fundamente des Glaubens dürfen besprochen und angezweifelt werden. Dabei wird keine sichere Wahrheit gesucht und nicht versucht, gemeinsam eine (neue) allgemeingültige Lehre aufzustellen. Die Gruppe soll einen Raum bieten, um auch unfertige Gedanken auszusprechen und zu formen, zu hinterfragen und zu verwerfen. Menschen, die eine Glaubensveränderung durchleben oder durchlebt haben, bringen oftmals Fragen und Meinungen mit, über die sie bisher noch wenig mit anderen Menschen gesprochen haben. Darum braucht es zunächst nicht mehr, um eine Austauschgruppe zu starten, als Menschen, die eine ähnliche Entwicklung durchlebt haben und gemeinsam darüber reden möchten.

Der persönliche Austausch mit anderen Christinnen und Christen inspiriert und lässt dort neue Perspektiven entstehen, wo nach einer Glaubensveränderung zunächst Leere ist. Man kann auch wie in anderen Kleingruppen vor jedem Treffen Themen festlegen und gemeinsam Bücher oder die Bibel lesen, Videos gucken oder Podcasts hören. Wichtig ist nur, dass die Treffen ergebnisoffen gestaltet werden. Gemeinsam lassen sich neue Vorbilder im Glauben finden, gewohnte Zugänge kritisch würdigen und neue ausprobieren. Da in diesem Austausch keine Hierarchie der Meinungen entstehen soll, sollte auch die Gruppe keine inhaltliche, sondern allenfalls eine organisatorische Leitung haben, die den Rahmen vorgibt, ohne inhaltliche Ziele festzulegen.

Ein miteinander gestalteter Raum

Wie lässt sich in einer christlichen Gemeinschaft Raum für Menschen schaffen, deren Glaube im Umbruch ist? Wichtig sind hier nicht bestimmte Programme oder Methoden, sondern die Grundeinstellung und Haltung der Verantwortlichen und der Gemeinschaft insgesamt. Wichtige Fragen sind z. B.: Wer trifft Entscheidungen? Dürfen verschiedene

Ansichten innerhalb der Gemeinschaft nebeneinanderstehen? Definiert sich die Gemein-schaft über Abgrenzung oder um eine gemeinsame Mitte? Diese Fragen führen uns zu Prinzipien, die einer christlichen Gemeinschaft helfen können, ein Raum für Suchende und Zweifelnde zu werden, indem auch sie den Raum mitgestalten dürfen.

Diese Prinzipien möchte ich an einer praktischen Methode verdeutlichen, genauer gesagt, an einer Gottesdienstform. Sie können aber auch in anderen Ausdrucksformen zur Gel-tung kommen, sowohl im Gottesdienst, in Kleingruppen als auch in der Jahreshauptver-sammlung oder im Kirchencafé.

Die Thomasmesse – ein Beispiel

Die Thomasmesse ist eine Gottesdienstform, die für Suchende und Zweifelnde konzipiert ist und neue Formen mit klassischen Gottesdienstelementen verbindet. Die Idee ist schon einige Jahre alt, aber das Potenzial immer noch groß. Dabei geht es vor allem um die Hal-tung hinter dem konkreten Ablauf, die auch auf andere Formate übertragbar ist. Um zu verdeutlichen, wie diese Haltung in einem Gottesdienst verkörpert werden könnte, wird hier der Ablauf einer Thomasmesse geschildert.

Der Ablauf ist an einen traditionellen landeskirchlich-evangelischen Gottesdienst ange-lehnt, jedoch werden die Elemente interaktiver gestaltet. Zentral ist dabei eine offene Zeit nach Bibellesung und -auslegung, in der 20 Minuten lang verschiedene Stationen im Raum genutzt werden können. Nach der offenen Zeit wird gemeinsam das Abendmahl gefeiert und mit einem Segen geschlossen.

Zu den Stationen gehören unterschiedliche Gebetsstationen, an denen das Thema des Gottesdienstes aufgegriffen wird oder die Möglichkeit besteht, Gebetsanliegen aufzu-schreiben, die später bei den Fürbitten gelesen werden. Aber auch sinnliche Elemente wie das Anzünden von Kerzen oder Salbung und Segnung haben hier einen Platz. Damit bietet die Thomasmesse Raum für Erfahrung und Ausübung der eigenen Frömmigkeit. Die Ein-zelnen können die offene Zeit entsprechend ihrer aktuellen Bedürfnisse gestalten. Distanz und Nähe sind gleichermaßen möglich. In dem gemeinsamen Abendmahl wird schließlich die Gemeinschaft der Anwesenden sichtbar.

An dieser Gottesdienstform zeigen sich mehrere Prinzipien:

Miteinander auf Augenhöhe
Der Gottesdienst wird von einem Team aus Menschen mit unterschiedlichen Frömmig-keitsstilen vorbereitet. Dieses Team gestaltet und verantwortet den Gottesdienst gemein-sam. Dabei können Haupt- wie Ehrenamtliche gleichermaßen und gleichwertig ihre jeweiligen Gaben einbringen. Die genaue Gestaltung der offenen Zeit sowie der Musik und anderer Gottesdienstelemente kann je nach Kontext und Möglichkeiten unterschied-lich ausfallen.

Offenheit

Nicht nur die Vorbereitenden, sondern auch die Teilnehmenden des Gottesdienstes haben Spielraum in der Gestaltung und Wahrnehmung der Gottesdienstelemente. Es gibt Raum für die unterschiedlichen Bedürfnisse der Einzelnen. So wird auch sichtbar, dass die Gottesbegegnung weder vom Vorbereitungsteam noch von der Gemeindeleitung versprochen oder hergestellt werden kann. Die Vorbereitenden können allenfalls manche Hindernisse für eine Gottesbegegnung aus dem Weg räumen.

Tradition und Innovation

Verschiedene Frömmigkeitsstile der Gemeindeglieder wurden in der Konzeption der Thomasmesse berücksichtigt, indem ganz unterschiedliche Leute gemeinsam das Konzept erstellt haben. Welche Tradition in der jeweiligen Gemeinschaft besteht, mag unterschiedlich sein und nicht mit dem evangelisch-lutherischen Gottesdienst, der der Thomasmesse zugrunde liegt, übereinstimmen. Für eine entsprechende Gottesdienstform in der eigenen christlichen Gemeinschaft sollten also die eigenen Traditionen berücksichtigt werden. Innovation findet sich hingegen auch beim Blick über den eigenen Gemeindetellerrand hinaus und in andere Konfessionen hinein.

Nähe und Distanz

Die Thomasmesse ermöglicht je nach Bedürfnis Nähe wie auch Distanz: Man kann sich in eine Gebetsecke zurückziehen oder auf dem Platz sitzen bleiben, aber auch körperliche Berührung bei einer persönlichen Salbung und Segnung erfahren.

Gemeinschaft und Individualität

Beides findet seinen Ort im Gottesdienst. Dem Individuum wird Raum gegeben und so Vereinnahmung verhindert. Gleichzeitig schützt die Gemeinschaft im Abendmahl vor Vereinsamung der Gottesdienstbesuchenden.

Geist, Seele und Leib

Die verschiedenen Elemente des Gottesdienstes sprechen verschiedene Seiten der Menschen an. Auch der Körper wird mit einbezogen. Alle Sinne können durch den Gottesdienst angesprochen werden. Durch die Optionalität sollen emotionale wie körperliche Grenzen geschützt werden.

Anknüpfungspunkte an die Thomasmesse

All das bietet Anknüpfungspunkte für Menschen in verschiedenen Glaubensphasen. Die Reduzierung der Wortlastigkeit im Gottesdienst bietet mehr Raum für eigene Gedanken und Gefühle. Hier wird die Vielfalt der anwesenden Menschen gefeiert. So hilft z. B. der eine eine gewohnte Form und ein bekanntes Lied, um Halt zu finden. Ein anderer kann über neue Zugänge aus alten Sackgassen herausfinden.

Wenn Menschen, die negative Erfahrungen in Gemeinde gemacht haben, integriert werden sollen, ist es wichtig, ihnen (und einander) offen und wertschätzend zuzuhören. Gemeinschaft lebt vom Respekt für die Einzelnen, ihre Geschichte und ihre Perspektive. Vertrauen entsteht nur da, wo keine Furcht vor Verurteilung oder Ausgrenzung besteht. Abgrenzungsmechanismen müssen darum aufgedeckt und hinterfragt werden. Verallgemeinerung und Schubladendenken werden abgelegt, indem man sich die Zeit nimmt, die Geschichte des Gegenübers zu hören. Dabei lohnt es sich, auch die eigene Herkunft und Geschichte zu reflektieren, um zu verstehen, woher die eigenen Ansichten und auch die Vorurteile stammen.

Dann gilt: Auch wenn die Erfahrung des Gegenübers anders ist als meine eigene, glaube ich ihm. Leid, das anderen widerfahren ist, wird ernst genommen und nicht heruntergespielt. Meistens erwartet das erzählende Gegenüber keine Lösung, sondern ein offenes Ohr und Mitgefühl. Daraus erwächst Sensibilisierung für Leid, das Menschen auch in christlichen Gemeinschaften erlebt haben.

Zuletzt gilt für Mitarbeitende und Leitende zu bedenken, dass ihre Worte Macht haben. Die Themen und Lehrsätze, die in Predigten oder von Mitarbeitenden vertreten werden, erlangen automatisch eine gewisse Autorität. Werden immer nur Menschen mit der gleichen Meinung gebeten zu lehren, dann wird diese Meinung als autoritativ wahrgenommen. Es ist darum wichtig, auch in der Leitung und Lehre die Vielfalt abzubilden, die die Gemeinschaft vertreten möchte.

Das Beispiel der Thomasmesse kann dazu anregen, zu fragen, wie ein Miteinander auf Augenhöhe, Offenheit, Tradition und Innovation, Nähe und Distanz, Gemeinschaft und Individualität und Aspekte für Geist, Seele und Leib auch in anderen Formaten Ausdruck finden können.

Auf den Punkt gebracht

Eine einzelne Gruppe wie auch eine Ortsgemeinde kann durch die Wahrnehmung und Anerkennung unterschiedlicher Bedürfnisse, theologischer Ansichten und Frömmigkeitsstile Raum für Menschen in oder nach einer Glaubensveränderung bieten. Austauschgruppen von Menschen, die sich in einem ähnlichen Prozess befinden, geben die Möglichkeit, den Glauben in seinem unfertigen oder veränderten Zustand und alle damit einhergehenden Fragen und Themen miteinander zu teilen. Um Menschen mit diversen Ansichten und Zugängen zum Glauben Zugehörigkeit zu bieten und sie gemeinsam mit ihnen zu gestalten, braucht es Beteiligungschancen sowie Sensibilität für unterschiedliche Bedürfnisse und Grenzen der Einzelnen.

Tipps zur Vertiefung

- Vecera, Sarah: Wie ist Jesus weiß geworden? Mein Traum von einer Kirche ohne Rassismus, Patmos Verlag, Ostfildern 2022
- Podcast: 365 Grad. Gemeinde weitergedacht, Folge 18, www.365 grad.podigee.io/18-gemeindeweitergedacht
- Podcast: Frischetheke. Anne-Maria Apelt, Folge 22, www.frischetheke-podcast.de/22-anne-maria-apelt

Verwendete Literatur

- Eltrop, Bettina: Lectio Divina/Bibel-Teilen, WiReLex, 2020, www.bibelwissenschaft.de/stichwort/200569
- Gemeindejugendwerk, Fachkreis Sichere Gemeinde (Hg.): Auf dem Weg zur sicheren Gemeinde. Das Handbuch, BoD, Norderstedt 2020
- Madubuko, Nkechi: Praxishandbuch Empowerment. Rassismuserfahrungen von Kindern und Jugendlichen begegnen, Beltz Juventa, Leipzig 2021
- Sturm, Rolf: Die Thomasmesse – alter „alternativer Gottesdienst"?, in: Jenseits der Agende. Reflexion und Dokumentation alternativer Gottesdienste, hrsg. v. Irene Mildenberger / Wolfgang Ratzmann, Evangelische Verlagsanstalt, Leipzig 2003, S. 191–206

Tool: Wie üben wir einen Safe Space beim Bibellesen ein?

von Paulien Wagener

Gruppengröße: zwischen 3 und 12 Personen

Dauer: je nach Gruppengröße zwischen 30 Minuten und 1,5 Stunden

Material: pro Person 1 Bibel in der gleichen Übersetzung oder 1 digitaler/ausgedruckter Bibeltext, 1 Ablaufzettel der Sieben-Schritte-Methode (als Download verfügbar)

Die Sieben-Schritte-Methode ist eine Bibellesemethode für Gruppen. Ursprünglich aus einem Priestermangel in Südafrika heraus entstanden, ist diese Methode hierarchiearm und kann von jeder Person angeleitet werden, da alle zu sagenden Worte auf dem Ablaufzettel stehen. Zudem bietet sie viel Raum, um aufeinander und auf die eigene Innenwelt zu hören. Die Worte der anderen können inspirieren und dürfen unkommentiert stehen bleiben. So entsteht innere Nähe auch über theologische Differenzen hinweg und Gemeinschaft und Individualität haben Raum. Die Emotionen bekommen größere Aufmerksamkeit, damit gemeinsames Bibellesen nicht nur Geist, sondern auch Seele berührt.

Das Treffen beginnt mit einem Gebet, gefolgt von der Textlesung. Im dritten Schritt wiederholen die Anwesenden, wenn sie möchten, Wörter oder kurze Sätze aus dem Bibeltext, die sie persönlich angesprochen haben. Dabei ist die Reihenfolge egal. Die Zitate aus dem Text unterbrechen unkommentiert die Stille, nach jedem Ausspruch folgt eine kurze Besinnungspause. Es dürfen auch Worte und Sätze wiederholt vorkommen. Schließlich wird der Text noch mal als Ganzes vorgelesen. Darauf folgen mehrere Minuten des Schweigens, in denen alle Raum haben, den Text noch mal auf sich wirken zu lassen. In der darauffolgenden Austauschphase (Schritt 5) können alle berichten, was sie an dem Text bewegt hat. Auch hier werden die Aussagen unkommentiert, ohne nachzufragen stehen gelassen. Jede Person spricht nur über die eigenen Gedanken, Gefühle und Bedürfnisse. Dabei kann das Empfundene auch in einem „Wort des Lebens" zugespitzt werden, das die Person mit in die Woche nimmt. Der sechste Schritt kommt in Gruppen zum Tragen, die sich regelmäßig treffen. Hier können gemeinsame Planungen durchgeführt und Aufgaben besprochen sowie auf das vorige Treffen Bezug genommen und jeweils auf die vergangene Woche unter dem entsprechenden „Wort des Lebens" zurückgeschaut werden. Dieser Schritt kann in anderen Kontexten entfallen.

Das Treffen endet mit einer Zeit des freien Betens, das von einem für alle bekannten Gebet wie z. B. dem Vaterunser abgeschlossen wird. Falls in dem Kontext kein solches Gebet existiert, könnte man ein vorgedrucktes Gebet mitbringen und vorher verteilen.

1. Einladen:

„Wir laden Gott zu uns ein und begrüßen Gott in unserer Mitte. Wer möchte das in einem Gebet tun?"

2. Lesen:

„Wir schlagen (Buch, Kapitel) **in der Bibel auf."**
(Warten, bis alle aufgeschlagen haben.)
„Wer möchte die Verse ___ bis ___ vorlesen?"

3. Verweilen:

„Wir suchen Worte oder kurze Sätze aus dem Text heraus und lesen sie mehrmals laut und bewusst. Dazwischen legen wir kurze Besinnungspausen ein." (Danach:) „Wer möchte den Text noch einmal komplett vorlesen?"

4. Schweigen:

„Nun werden wir für ___ Minuten ganz still und lassen in der Stille Gott zu uns sprechen."

5. Austauschen:

„Wir tauschen uns darüber aus, was uns im Herzen berührt hat. Welches Wort hat uns persönlich angesprochen?" (Danach gegebenenfalls:) „Hat dich in diesem Text etwas angesprochen, das du als ‚Wort des Lebens' in die kommende Woche mitnehmen möchtest?"

6. Handeln:

„Wir besprechen eine Aufgabe, die sich unsere Gruppe jetzt stellt."
[Oder:] „Welche Erfahrungen haben wir in der vergangenen Woche mit unserem ‚Wort des Lebens' gemacht?"

7. Beten:

„Wir beten miteinander. Alle sind eingeladen, ein freies Gebet zu sprechen."
(Danach:) „Wir schließen mit einem Gebet oder Lied, das alle auswendig kennen (z. B. Vaterunser)."

von Sarah Thys

Fortsetzung von der Story: „Glaube, Leid und Zweifel".

Eine Glaubensreise

„Du bist doch evangelikal, oder?", fragte mich neulich ein Pfarrer. Wir hatten uns privat mit unseren Familien getroffen. Meine erste innere Reaktion war: „Nein, das bin ich nicht." Ich wusste aber auch sofort, warum er fragte. Denn meine Biografie zeigt viele evangelikale und auch ganz unterschiedliche Einflüsse. Ich konnte ihm aber auch keine klare Antwort geben. Mir fällt es schwer, einen eindeutigen Standort zu bestimmen. Da stehe ich und bekomme oft die Frage gestellt: Wo stehst du? Ich fühle mich dann unausgesprochen unter Druck gesetzt, mich für die eine oder andere Seite zu entscheiden. Oft habe ich mir gewünscht, mein Standpunkt wäre klarer und es wäre weniger anstrengend, immer wieder zu prüfen: Kann ich da mitgehen? Wie stehe ich dazu?

Ich war schon an einigen, ganz unterschiedlichen Orten – als Gast aber auch zu Hause. Es ist wohl mehr eine Glaubensreise, auf der ich mich immer noch befinde. Viele Schätze habe ich auf dieser Reise mitgenommen, aber es gibt auch manches, von dem ich mich inzwischen abgrenze.

Aufgewachsen in der Evangelischen Kirche in Württemberg: von Kinderkirche, Jungschar, Mitarbeit in Gruppen, Gottesdiensten und Leitungsaufgaben war alles dabei. Schon meine Kindheit und Jugend drehte sich um Glauben und Kirche. Es war ein pragmatisches Umfeld. Die Devise lautete: anpacken statt große Diskussionen. Für mich war es oft zu wenig tiefgehender Austausch, allerdings stieß ich da auf wenig Resonanz. Vielleicht ist das einer der vielen Gründe, warum ich mich danach sehne, ganz konträre Perspektiven zu entdecken und zu verstehen.

Nach meinem Abitur ging ich nach Indien, um einen Teil meiner Wurzeln kennenzulernen. Dort besuchte ich eine Zeit lang eine Pfingstgemeinde. Einmal kam ein Gastredner zu einem zweitägigen Seminar und stellte sehr gewagte theologische Thesen auf – in einer sonst gemäßigten Gemeinde. Zum ersten Mal erlebte ich einen solchen Druck von einem Redner, dessen eindeutiges Ziel es war, so viele wie möglich zu seiner theologischen Überzeugung zu bringen. Er ließ keinen Raum dafür, anderer Meinung zu sein, und war ein begnadeter Rhetoriker, der jede kritische Anmerkung aus dem Publikum zerlegte, sie sogar lächerlich machte. Und doch war mir klar: Das, was er da verzapfte, ergab für mich keinen Sinn. Aber ich konnte es nicht begründen. Ich hatte keine Worte dafür.

Während meiner theologischen Ausbildung lernte ich, zu differenzieren und sprachfähiger zu werden. Ich bekam im Fach Exegese das Handwerkszeug mit, um die Vielfalt an unterschiedlichen Texten in der Bibel einordnen zu können, und fühlte mich freier, auch mal kritisch an Texte heranzugehen, ihnen nicht immer gleich zustimmen zu müssen, weil sie in der Bibel stehen.

Ein weiteres Fach eröffnete mir einen neuen Horizont: Kirchengeschichte. Kirchenstreitigkeiten gab es, seit es die Kirche gibt. Immer wieder waren es inhaltliche Auseinandersetzungen, bei denen nicht selten Machtkämpfe dahinterstanden. Es half mir, zu verstehen, wie sehr wir geprägt sind von dem, was die Christinnen und Christen vor uns gedacht und wovon sie sich abgegrenzt haben. Mir dämmerte, dass einige christliche Überzeugungen, die ich als gegeben angesehen hatte, eigentlich welche aus früheren Zeiten – oft nach Jesu Leben – waren und dass mit der Zeit die verschiedenen Bewegungen und Gegenbewegungen immer wieder neue Abgrenzungen und Spaltungen auslösten und uns die Vielfalt bescherten, die wir heute in unserer christlichen Welt vorfinden.

Von Grenzen, Weite und Vielfalt

Trotzdem fiel es mir schwer, diese vielen unterschiedlichen, sich auch widersprechenden Überzeugungen und Ausdrucksformen des Glaubens zusammenzubringen. Was davon ist denn nun „richtig"? Wie kann ich das überhaupt verstehen? Ich legte eine Tabelle an, in der ich drei Grundströmungen definierte, die ich zu dieser Zeit erlebte. Das waren für mich pietistisch, charismatisch und liberal. Ich ordnete ihnen jeweils eine Seite der Dreieinigkeit zu und einen konkreten Fokus.

- **Pietistisch:** Jesus Christus, der Erlöser und
  die Bibel als Richtschnur für das eigene Leben
- **Charismatisch:** Heiliger Geist und
  das Erleben von Gottes direktem Reden
- **Liberal:** Gott, der Schöpfer und das verantwortungsvolle Handeln in dieser Welt
  (Gerechtigkeit, Bewahrung der Schöpfung)

Zeitgleich zu meiner pietistisch geprägten Ausbildung wuchs ich mehr und mehr in ein charismatisch geprägtes, überregionales Netzwerk hinein. Mich zog von Anfang an die Vision der Bewegung an. Es ging darum, größer zu träumen und Visionen für eine bessere Welt haben zu dürfen. Entgegen manchem Aktivismus betonten wir Mottos wie: Beziehung vor Programm. So konnte man z. B. entspannt zu spät kommen. Wir kamen zusammen, um Gott zu erleben, und nicht einfach „nur", um ihn zu verstehen. Da war eine Sehnsucht in uns, Gottes Reden direkt in unserem Leben zu hören. Das gegenseitige Segnen – individuell und spontan, im Hören auf Gott – tat mir gut.

Ich sah aber auch, dass in diesem folgsamen Hören auf die Stimme Gottes die Gefahr bestand, das eigene Nachdenken und die Verantwortung für das eigene Leben zu umgehen. Vielen, die nur wenig biblische Grundlagen hatten, wurde unbewusst vermittelt: Das wesentliche Merkmal eines Glaubenden sei das Hören auf Gottes Stimme im täglichen Leben. Zwar kamen Menschen aus vielen unterschiedlichen Gemeinden zusammen, als

Netzwerk aber hatten wir wieder eine feste Form gefunden, die wenig variierte. Der Ablauf war meist gleich. Lobpreis, ein Input und dann wieder eine lange Lobpreiszeit.

Anfangs erlebte ich den intensiven Lobpreis nur als wohltuend. Es war ein Ort, an dem Emotionen hochkommen durften. In dem Maß, wie meine Glaubenskrise stärker wurde, sprachen mich die Liedtexte, die gesungen wurden, aber immer weniger an. Es ging viel um den Auferstandenen, den Herrlichen, meist um positive, hingebungsvolle Gefühle zu Gott. Das konnte mich aber in meinen Zweifeln und in meiner inneren Not nicht tragen. Ich wurde überkritisch mit den Texten und auch der grundsätzlichen Haltung. Eine ausgesprochene Überzeugung war: Wenn wir in eine innerliche Haltung der Anbetung kommen und Gott den richtigen Platz geben, dann wirkt der Heilige Geist. Nicht unwahr, aber auch einseitig. Heute denke ich, da wurde oftmals etwas ausgelassen, oft zu schnell weitergegangen. Dieses Etwas nannte eine Kollegin mal die Karfreitagskompetenz: das Schwere wie Tod, Krankheit und Leid aushalten zu können und nicht schönzureden. Ostern wird manchmal zu früh verkündet. Lobpreis ist dann nicht mehr eine Antwort auf Gottes befreiendes Handeln nach langen Wüstenzeiten, sondern eine Stimmung, in die man sich selbst versetzen muss.

Solche Grenzen spürte ich gelegentlich auch an einer weiteren Arbeitsstelle, an der ich mit internationalen Gemeinden zusammenarbeitete. Allerdings war es dort auch hochspannend. Ich besuchte unterschiedliche Nationen und unterschiedliche Konfessionen. Durch das andere, das ich dort sah, spürte ich in Ansätzen, wie sehr unsere deutsche Kultur unsere christlichen Gemeinden prägt. Wie individualistisch und verkopft viele unserer Predigten sind und wie wenig sinnesorientiert. Vieles von diesen Besuchen ist mir in lebendiger Erinnerung geblieben. Dazu gehört auch die koptische Gemeinde, die orthodoxe Kirche in Ägypten. Ihre Geschichte als Märtyrerkirche spürt man ihr ab. Kein Prunk, im Gegenteil: Der Pater kleidet sich schlicht in Schwarz und mit einem Kreuz um den Hals. Ich sah zu, wie sie Heiligenbilder legten und das als geistlichen Prozess verstanden. Ich roch den Weihrauch und las die übersetzten Gebete mit, in denen sich auch auf die Kirchenväter berufen wurde. Ich sah gelangweilte Jugendliche und hingebungsvolle Männer beim Singen. Zwar war mir die stundenlange Liturgie fremd und ich verstand trotz Übersetzung nur wenig. Allerdings unterschied sich die Bibelstunde unter der Woche kaum von einer pietistischen.

Von der Vielfalt der internationalen Gemeinden verschlug es mich in den mehrheitlich atheistisch geprägten Kontext in Thüringen. Ein Teil in mir suchte dort nach Freiheit und wollte Abstand zu der Fülle an konträren Glaubensvorstellungen Süddeutschlands, um zu spüren, was mein eigenes Christsein ausmacht. Also zog ich in einen Plattenbau, wo viele Menschen nach deutschem Standard in Armut leben. Dort wurde ich Teil einer Gemeinschaft von Familien, die einfach für die Menschen da sein und ein Zeichen von Gottes Liebe in dieser Welt sein wollten. Einer meiner engen Freunde, dessen Herz für Gerechtigkeit mich schon zu Studienzeiten inspiriert hatte, war auch Teil dieser Gemeinschaft. Sich als Christ mit solchem Einsatz sozialpolitisch in der Gesellschaft einzusetzen, war für mich zu diesem Zeitpunkt etwas Neues.

Meine Lebensstationen haben mich geprägt – in meiner Sprache, in meiner Denkweise –, das kann ich nicht einfach ablegen. Ich gebrauche heute immer noch Schubladen, um zu verstehen, wie unterschiedlich die sich ständig verändernde Christenwelt tickt. Und in manch einer schnellen Antwort finden sich noch viel zu oft Sätze, die ich mit etwas Nachdenken so nicht mehr sagen möchte. Ich will neugierig bleiben. Im Gespräch mit einzelnen Menschen möchte ich mich darin üben, diese Fragen im Hinterkopf zu behalten, gerade dann, wenn mir ihr Glaube besonders fremd vorkommt: Was sieht diese Person, was ich nicht sehe? Auf welche Not möchte sie Antworten finden? Welche Kultur und welche Lebensgeschichte prägen sie? Und was kann ich von ihr lernen?

Neue Zugänge zu einer alten Sehnsucht

von Lena Niekler

Die eigene (bewusste) Beziehung zu Gott hat irgendwann im Laufe unseres Lebens ihren Anfang genommen. Vielleicht schon in der Kindheit in einer Familie, die den Glauben vorgelebt hat – vielleicht aber auch erst an einem späteren Punkt im Leben. Neben einer inneren Glaubensgewissheit haben sich praktische Ausdrucksformen entwickelt. Nicht nur was ein Mensch glaubt, prägt dabei sein Leben, sondern auch, wie der Glaube im Alltag Gestalt gewinnt. Häufig ist dabei prägend, wie andere Christinnen und Christen in unserem Umfeld ihre Gottesbeziehung gestalten. Das kann die „Stille Zeit" am Morgen mit Bibellesen und Gebet sein, die Anbetung Gottes mit Lobpreismusik oder das Hören und Diskutieren von Predigten. Immer mit einem Ziel vor Augen: die eigene Gottesbeziehung zu intensivieren und so die Sehnsucht nach mehr Tiefe oder mehr Weite im Glauben zu stillen. Wer dieser Sehnsucht nachgeht, wird erleben, dass ein solcher Aufbruch unter Umständen bedeutet, sich aus dem Vertrauten herauszuwagen. Hier gilt es, Altes zu reflektieren und Neues auszuprobieren. Nicht immer muss das heißen, Altes abzulegen, aber manchmal kann eine neue Form, Glauben zu leben, helfen, diese tiefe Sehnsucht ein Stück weit zu stillen.

Ein Aufbruch ins Unbekannte

Wer vertraute Formen, den eigenen Glauben zu leben, hinterfragt, wagt Schritte ins Unbekannte und betritt in Bezug auf die eigene Gottesbeziehung Neuland. Zu versuchen, wieder zu dem zurückzukehren, was in besonders intensiv empfundenen Zeiten der eigenen Glaubensreise wichtig war, gestaltet sich dabei häufig als schwierig. Ein Appell an unsere erste Liebe, also an das, was in einer ersten Phase des Christseins prägend war, ist deswegen nach Martin Benz nicht hilfreich. Wo die Sehnsucht Menschen umtreibe, helfe es nicht, in Erinnerung an vergangene Zeiten zu schwelgen. Vielmehr schlägt Benz vor, einen geistlichen Umzug zu wagen. Ein neues Dach für die Seele zu gestalten, das von den Inhalten und Formen her dem Menschen entspricht, der man heute geworden ist. Aufbrechen heißt dann, die eigene Spiritualität ehrlich zu reflektieren: Was nehme ich mit, weil es hilfreich und kostbar ist? Was sortiere ich aus, weil es für mich nicht mehr funktioniert und vor allem Ballast ist? Und wo sehne ich mich nach Neuem, das Raum in meinem Leben bekommen soll?

Wer aufbricht und der eigenen Sehnsucht neu nachspüren will, kann auf Entdeckungsreise gehen und in die Fülle der christlichen Spiritualität eintauchen. Nicht in einer Abwertung dessen, was im eigenen Leben nicht (mehr) funktioniert, sondern im Wertschätzen der verschiedenen Wege, wie Menschen mit Jesus unterwegs sind. In Bezug auf die spirituellen Zugänge gibt es kein Besser oder Schlechter. Ganz im Gegenteil: Die unterschiedlichen Frömmigkeitsstile brauchen sich als Ergänzung. Als Christinnen und Christen sind wir in aller Vielfalt und Gegensätzlichkeit zum Leben in Gemeinschaft aufgerufen. So verkörpern wir als Leib Christi die vielfältigen Facetten Gottes in der Welt (vgl. 1. Kor 12,12-31). Aus diesem Blickwinkel betrachtet gilt es, von denen zu lernen, die auf eine ganz andere Art und Weise glauben oder sich in einer anderen Phase der Glaubensentwicklung befinden.

Die Sehnsucht führt zur Sendung

Wer der eigenen spirituellen Sehnsucht nachgehen will und neu aufbricht, wird zwangsläufig mit der eigenen Lebensgeschichte und geistlichen Prägung konfrontiert. Am Anfang dieses Aufbruchs steht dabei zweifelsfrei eine intensive Zeit der Selbstreflexion. Das Eintauchen in die eigene Biografie ist dabei jedoch nur ein erster Schritt. Denn die Sehnsucht nach einem brennenden, lebendigen Glauben ist im Christentum kein Selbstzweck, bei dem es nur um eine erfüllte Gottesbeziehung der einzelnen Person geht. Der katholische Theologe Paul Zulehner beschreibt es in etwa so: Wer bei Gott eintaucht, der wird bei den Menschen wieder auftauchen.[48] Die eigene Gottesbeziehung ist immer auch eine Sehhilfe, die uns die Bedürfnisse anderer wahrnehmen und tätig werden lässt.

Eine Auseinandersetzung mit der eigenen Glaubenspraxis führt in Gemeinschaft und fordert uns auf, die Beziehungen zu anderen Menschen und zur Welt, in der wir leben, als Christinnen und Christen aktiv zu gestalten. Leitend ist dabei, was Jesus seinen Schülerinnen und Schülern als Auftrag gibt:

„Ich gebe euch ein neues Gebot: Liebt einander!
Genauso wie ich euch geliebt habe,
sollt ihr einander lieb haben.
Daran werden alle erkennen, dass ihr meine Jünger seid:
wenn ihr einander liebt" (Joh 13,34-35 BB).

Unsere eigene Spiritualität weiterzuentwickeln und immer wieder neu zu entdecken, zielt ganz verkürzt gesagt darauf ab, lieben zu lernen. Dazu zählt zuerst die Auseinandersetzung mit der eigenen Identität – als Mensch, der einzigartig geschaffen und von Gott ins Leben geliebt wurde. Ein zweiter Aspekt ist das Einüben einer liebevollen Gottesbeziehung, die in Form einer passenden spirituellen Praxis Gestalt gewinnt. Und als dritter und letzter Punkt gilt es, aus dieser Beziehung heraus Liebe in die Welt zu tragen. Unsere Sendung leben heißt, zu lieben – uns selbst, Gott und Gottes Schöpfung. Der Auftrag, einander zu lieben, fordert uns immer auch dazu auf, Verantwortung für unsere Mitmenschen und unsere Welt zu übernehmen. All das sollte in der persönlichen spirituellen Praxis zum Ausdruck kommen. Unsere Gottesbeziehung ist nicht allein auf die individuelle Zeit mit Gott beschränkt, sondern entfaltet sich im Zusammenspiel aller drei Dimensionen und verweist uns auf die Welt, in der wir leben. Daher lohnt sich ein regelmäßiger Selbst-Check: Gibt es einen Bereich, in dem ich das Liebenlernen noch stärker einüben möchte?

48 Vgl. Zulehner, Paul M.: Wer in Gott eintaucht, taucht bei den Armen auf, in: Brennpunkt Gemeinde. Impulse für missionarische Verkündigung und Gemeindeaufbau, Bd. 64, Nr. 3, Neukirchener Verlagsgesellschaft mbH, Neukirchen-Vluyn 2011, S. 86–91.

Neuland entdecken

Ein Patentrezept, wie christliche Spiritualität auszusehen hat, findet sich weder in der Bibel noch in der zweitausendjährigen Geschichte des Christentums. Vielmehr wird schon in Jesu Leben und in seiner „Nachfolgeschule" für Jüngerinnen und Jünger deutlich, dass es unzählige Möglichkeiten gibt, den eigenen Glauben zum Ausdruck zu bringen. Das Neue Testament zeichnet dabei ein Bild von Spiritualität, bei dem Zeiten in Einsamkeit und Zeiten in Gemeinschaft einander ergänzen. Jesus zieht sich zum Beten in die Stille zurück (vgl. Mt 14,23). Er lädt seine Freunde dazu ein, die Verbindung zu Gott durch gemeinsames Essen und intensive Tischgemeinschaft zu stärken (vgl. Lk 22,15). Gleichermaßen tritt Jesus als Lehrer auf, der Grundlagen des Glaubens vermittelt (vgl. Mt 5,1-2) und lebt vor, wie es ganz praktisch aussehen kann, der oder dem Nächsten zu dienen (vgl. Joh 13,14). Auch heute gibt es unzählige Möglichkeiten, die eigene Spiritualität zu gestalten – laut oder leise, allein oder gemeinsam mit anderen, frei aus dem Herzen formuliert oder mithilfe von jahrhundertealten Texten. Glaube ist vielfältig und lädt dazu ein, in der eigenen Glaubensentwicklung nicht stehen zu bleiben, sondern immer wieder neue Wege zu erkunden: der Sehnsucht Raum zu geben und zu staunen, wie Gott sich auch an unerwarteten Orten oder in anderen Formen finden lässt. Denn Gott dürfen wir in allen Dingen suchen, können ihn in allem, was wir tun, entdecken – wie Ignatius von Loyola es formulierte.[49]

Der eigenen Sehnsucht nachspüren

Doch wo und wie kann es losgehen mit dieser Suche? Wo fangen wir damit an, Gott ganz neu zu entdecken? Ganz praktisch kann ein Erkunden von unterschiedlichen spirituellen Zugängen einen Ansatzpunkt darstellen. Einzutauchen in die Lebens- und Glaubensgeschichten von anderen Christinnen und Christen. Ein neugieriges Hinhören, wie sie ihre Gottesbeziehung gestalten. Sie fragen: „Welche Formen von Spiritualität haben dich geprägt? Was ist für dich heute wichtig und hilfreich?" Wo sich keine solche Möglichkeit zum Austausch bietet, können auch die Biografien von anderen Christinnen und Christen eine Inspirationsquelle sein.

Wer etwas konkretere Hilfestellungen sucht, für die oder den kann das Buch „Neun Wege, Gott zu lieben" von Gary L. Thomas ein Wegweiser durch die Vielfalt christlicher Spiritualität sein.[50] Bin ich eher ein aktivistischer Typ, dem Gott im Einsatz für Gerechtigkeit begegnet? Könnte ich ein Natur-Typ sein, weil ich Gott im Staunen über die Schöpfung erlebe? Oder habe ich einen intellektuellen Zugang und stärke meine Gottesbeziehung durch ein tieferes Eintauchen in die Theologie? Das Buch, das neun unterschiedliche spirituelle Typen näher beleuchtet, unterstützt Interessierte beim Herausfinden des eigenen Zugangs.

49 Vgl. Ignatius von Loyola: Briefe und Unterweisungen. Deutsche Werkausgabe, Bd. 1, Echter-Verlag, Würzburg 1993, S. 350.
50 Thomas, Gary L.: Neun Wege, Gott zu lieben. Die wunderbare Vielfalt des geistlichen Lebens, SCM R.Brockhaus Verlag, Wuppertal ²2005.

Eigenen Rhythmus finden

Und dann heißt es: Mutig ausprobieren! Möglichkeiten gibt es unzählige: Einen Gottesdienst einer anderen Gemeinde besuchen. Nicht nur mit Worten beten, sondern auch den Körper ins Gebet einbeziehen. Die Wanderschuhe schnüren und erste Schritte beim Pilgern wagen. Eine Audiomeditation in der EVERMORE-App[51] anhören. Oder eine Anregung aus diesem Buch erproben. Gerade das wagen, was auf den ersten Blick vielleicht fremd wirkt. Denn wie bei einem richtigen Umzug fühlt sich diese neue Wohnung anfangs vermutlich ungewohnt an. Ein Einfinden und Einleben in eine neue Form von Spiritualität ist nötig. Bis sich ein Gefühl von Vertrautheit einstellt, braucht es Zeit – das gilt auch in Bezug auf eine neue Gestaltung der eigenen Gottesbeziehung. In all diesen Umbrüchen ist es hilfreich, andere Menschen als Begleitung an der Seite zu haben. Vertraute, die als Umzugshelferinnen und Weggefährten auf dem Weg ins Neue unterstützen.

Auszuprobieren, welche geistlichen Übungen dich näher zu dir selbst, zu Gott und zu deinen Mitmenschen bringen, ist zunächst einmal ein Experimentierfeld. Es gibt viele Schätze zu entdecken und im praktischen Tun auszutesten, was die eigene Gottesbeziehung bereichert oder neu entfacht. Die spirituellen Ausdrucksformen sind dabei in der Regel als Übungsweg zu verstehen. Sie leben von einer Wiederholung der Praxis und einer Regelmäßigkeit. Darum braucht es Geduld und Durchhaltevermögen – gewissermaßen ein geistliches Fitnesstraining.

Bei diesem Training kann es hilfreich sein, den eigenen Tages- und Wochenablauf zu berücksichtigen: Wann habe ich Zeit, mich in meinem Alltag unterbrechen zu lassen? Wo finde ich kleine Freiräume, um Raum für meine spirituelle Sehnsucht zu schaffen? Vielleicht ist es ein Ansatz für dich, verschiedene kleine Rituale in den Tag einzubauen. Das könnte ein kurzes Gebet sein, das Körper und Geist am Morgen in Bewegung bringt. Eine Unterbrechung am Mittag – ein kurzer Moment, an dem du dich mit geliehenen Worten daran erinnerst, dass Gott auch mitten im Alltagschaos da ist. Ein Dankbarkeitstagebuch, das am Abend zum Reflektieren des Tages einlädt und mit einem Dankgebet endet. Dabei müssen die spirituellen Zugänge keine stundenlangen und intensiven Exklusivzeiten mit Gott sein. Vielmehr geht es um kurze Erinnerungen, dass Jesus mit dir unterwegs ist.

Daneben kann es hilfreich sein, auch feste Zeiten für die geistliche Gemeinschaft mit anderen im Alltag zu verankern: ein Gottesdienstbesuch oder eine Kleingruppe, in der gemeinsam in der Bibel gelesen und diskutiert wird. Lobpreiszeiten oder der gemeinsame diakonische Einsatz für andere. Denn unsere persönliche Spiritualität führt uns immer in die Gemeinschaft – mit Gott und mit anderen Christinnen und Christen. Wir dürfen voneinander lernen und uns in aller Unterschiedlichkeit gegenseitig inspirieren, neue Wege zu finden, um unsere Sehnsucht nach Gott zu stillen.

---

[51] Eine von der Ev.-luth. Landeskirche Hannovers entwickelte App, die Menschen durch Meditationen und Impulse unterstützt, mitten im Alltag achtsamer und kontemplativer zu leben. www.evermore-app.de.

Auf den Punkt gebracht

Wer Sehnsucht nach einer lebendigen Gottesbeziehung verspürt, kann sich auf die Suche nach passenden Formen machen, wie der Glaube im Alltag (neu) Gestalt gewinnen kann. Dabei gilt es, sowohl bisherige spirituelle Zugänge zu reflektieren als auch neue geistliche Übungen zu entdecken. Unsere persönliche Spiritualität führt uns nicht allein auf eine innere Reise, sondern lässt uns in der Gemeinschaft mit anderen Christinnen und Christen erkennen, auf welch vielfältige Weise Menschen mit Gott unterwegs sind. Spiritualität ist dabei kein Selbstzweck, sondern lädt ein, lieben zu lernen und uns der Welt zuzuwenden.

Tipps zur Vertiefung

- Henkel, Steve Kennedy: Rituale für Hipster & Heilige und alles dazwischen. Gin-Tonic-Liturgie, Barista-Gebete & Bike-Segen, Neukirchener-Verlagsgesellschaft mbH, Neukirchen-Vluyn 2022
- Mailänder, Daniela: Heimat im Herz. Wie findet man zurück, wenn man sich verloren hat? Blogbeitrag vom 25.01.2022, www.danielamailaender.de/heimat-im-herz
- Schneider, Daniel (Hg.): 21 Menschen. 21 Momentaufnahmen. 21 Möglichkeiten zu glauben, Neukirchener-Verlagsgesellschaft mbH, Neukirchen-Vluyn 2019
- Podcast: Kater Unser. Vielfältig glauben, www.podcast.de/episode/588245104/29-vielfaeltig-glauben
- Podcast: Movecast – der Podcast, der etwas bewegen möchte. Glaubenserneuerung – an diese drei Themen muss man ran!, www.movecast.de/mc-80-glaubenserneuerung-an-diese-drei-themen-muss-man-ran

Verwendete Literatur

- Benz, Martin: Wenn der Glaube nicht mehr passt. Ein Umzugshelfer, Neukirchener-Verlagsgesellschaft mbH, Neukirchen-Vluyn 2022
- Dietz, Thorsten: Weiterglauben. Warum man einen großen Gott nicht klein denken kann, Joh. Brendow & Sohn Verlag GmbH, Moers 2018
- Kusch, Andreas: Das Herz auf Gott einstimmen, Brunnen Verlag GmbH, Gießen 2010
- Mailänder, Daniela: Herzheimat. Dort ankommen, wo Gott auf dich wartet, SCM R.Brockhaus in der SCM Verlagsgruppe GmbH, Holzgerlingen 2018
- Thomas, Gary L.: Neun Wege, Gott zu lieben. Die wunderbare Vielfalt des geistlichen Lebens, R.Brockhaus Verlag, Wuppertal [2]2005

Herzensgebet

von Lena Niekler

„Authentisches Gebet besteht ausnahmslos darin, sowohl den Geist zu leeren als auch das Herz zu füllen, und dabei folgt oft eins aus dem anderen."[52] Eine Gebetspraxis, wie Richard Rohr sie hier beschreibt, lädt ein, das eigene Gedankenkarussell anzuhalten und in Gottes Gegenwart still zu werden. Hierfür wird ein Gebetswort oder der Name Jesu im Rhythmus des eigenen Atems wiederholt. Es braucht keine Vorkenntnisse, um das Herzensgebet auszuprobieren, und es kann auch im Gehen praktiziert werden. Die folgenden Schritte helfen dir, anzufangen. Dieser spirituelle Zugang braucht Übung. Stille und Herzensruhe gibt es nicht auf Knopfdruck.[53]

- Suche dir einen ruhigen Ort, an dem du ungestört bist.

- Stelle dir einen Wecker, damit du beim Beten nicht die Zeit im Blick haben musst. Für den Anfang bieten sich 10 Minuten für das Üben des Herzensgebetes an.

- Setze dich am besten so, dass dein Rücken aufrecht ist und deine Füße den Boden berühren.

- Wenn du magst, schließe deine Augen. Falls du sie leicht geöffnet haben willst, ist es hilfreich, deinen Blick auf eine Kerze oder den Fußboden vor dir zu richten.

- Nimm deinen Atem wahr, ohne seinen Rhythmus zu verändern. Achte z. B. darauf, wie sich dein Brustkorb beim Atmen hebt und senkt.

- Beginne damit, deinen Atem mit der Wiederholung eines inneren Wortes zu verbinden. Dafür eignet sich das klassische Jesusgebet, bei dem du die Worte „Herr Jesus Christus" beim Einatmen und „erbarme dich meiner" beim Ausatmen betest. Dabei sprichst du die Worte nicht laut aus, sondern bewegst sie vor allem in deinem Herzen. Probiere gern aus, welches Gebetswort für dich passend ist.

- Es ist normal, dass deine Gedanken abschweifen. Lenke deine Aufmerksamkeit sanft wieder zurück zum Gebet.

---

52 Rohr, Richard: Ganz da. Einfach und kontemplativ leben, Claudius Verlag im Evangelischen Presseverband für Bayern e. V., München 2018, S. 66.
53 Das Kartenset „bibelatmen" von Alexandra Haustein unterstützt beim Einstieg, store.ruach.jetzt/produkt/bibelatmen-alexandra-haustein-karten-set-fuer-bibelmeditation.

Check-out – Meine Entdeckungen

Während einer Reise lohnt es sich immer wieder, wahrzunehmen, was man unterwegs entdeckt hat. Manches hat vielleicht begeistert und den Horizont erweitert. Anderes hat irritiert oder geärgert.

Diese drei Entdeckungen waren besonders wertvoll für mich:

_____
_____
_____

Darauf hätte ich verzichten können:

_____
_____
_____

Davon möchte ich xy erzählen:

_____
_____
_____

In diese Richtung möchte ich weitere Schritte gehen:

_____
_____
_____

Check-out – Was wir mitnehmen

Am Ende dieses Workbooks wollen wir als Herausgebende festhalten, was wir beim Lesen und im Austausch über die Storys, Beiträge und Tools sowie beim Erproben der spirituellen Zugänge entdeckt haben. Und wir wollen dich als Leserin oder Leser dazu anregen, deine Erkenntnisse als Momentaufnahme zu formulieren.

Veränderungen im Glauben gehören im Leben dazu

In gewisser Weise ist dies keine neue Erkenntnis, sondern eine bestätigte Vorannahme. Wir sind davon ausgegangen, dass Theologie und Biografie eng miteinander verwoben sind, und doch wurde gerade in den Storys und Beiträgen zu diesem Thema für uns neu deutlich, wie stark und untrennbar Theologie und Biografie zusammenhängen. Die Storys haben uns dazu motiviert, unsere eigene „Glaubensgeschichte", aber auch die Zusammenhänge zwischen Erlebnissen und Ereignissen in unserem Leben und unserem Glauben zu sehen und zu formulieren. Spannend wurde die Frage, wie sich die Art, wie wir unsere eigene Glaubensgeschichte erzählen, verändert, je nachdem, wem wir sie erzählen.

Wie ist es bei dir? Sind dir (neue) Zusammenhänge zwischen deiner Theologie und Biografie bewusst geworden?

Es geht um ein mündiges Sein als Mensch und als Christinnen und Christen

Glaube fällt [nicht] vom Himmel – diese Spannung nicht nur wahrzunehmen, sondern auch ernst zu nehmen, hilft uns, mündig mit unserem eigenen Glauben umzugehen. Unser Glaube ist ein Geschenk Gottes und unverfügbar. Das glauben wir und das lässt uns staunen. Gleichzeitig ist unser Glaube geprägt und geworden – durch Menschen, durch Ereignisse, durch Umstände, die wir beeinflussen können, und durch solche, die wir nicht beeinflussen können. Das zu reflektieren und wahrzunehmen, versetzt uns in die Lage, uns dazu zu verhalten. Die Gestaltung des eigenen Glaubens ist (auch) Arbeit: Wir können uns mit Theologien auseinandersetzen, bewusst andere Perspektiven einnehmen und Einfluss auf unseren Glauben nehmen. Das macht uns mündig, weil wir unserem Glauben nicht ausgeliefert sind und immer wieder fragen können: Fördert mein Glaube in meinem und im Leben anderer Hoffnung, Liebe, Freiheit und Lebensfreude?

Was bedeutet es für dich, mündig zu glauben?

Wir lernen, uns und andere besser zu verstehen

Wenn andere ihre Biografie erzählen, verstehen wir oft besser, warum sie glauben, was sie glauben. Wenn uns als Christinnen und Christen Einheit wichtig ist, wird dies nur gelingen, wenn es eine Einheit in Unterschiedlichkeit und Verschiedenheit gibt. Und dazu hilft es uns, Biografie und Theologie als verwoben zu verstehen. Indem deutlich wird, aufgrund welcher Erfahrungen einem anderen Menschen bestimmte Überzeugungen wichtig sind, wird es leichter, sie zu schätzen – auch, wenn es nicht die eigenen sind.

Mit wem könntest du ins Gespräch über Glauben und Biografie kommen, um ihre/seine Überzeugungen besser zu verstehen?

Christliche Gemeinschaft muss Theologie und Biografie im Blick haben

Menschen sind in ihrem Glauben an unterschiedlichen Stellen. Die Art, wie christliche Gemeinschaft gestaltet wird, was als „normal" oder Konsens gesehen wird und wie sich das in Liedern, Gebeten und geteilter Glaubenspraxis ausdrückt, schließt immer einige ein und andere aus. Theologie und Biografie bewusst einzubeziehen, kann helfen, Menschen in unterschiedlichen Phasen ihres (Glaubens-)Lebens ernst zu nehmen und mit ihnen geistliche Heimat zu gestalten.

Wie kann sich das in deiner Gemeinschaft ausdrücken?

Glaube ist Prozess

Weil das Leben ein Prozess ist und Gottes Wirken sich im Leben ereignet, bleibt auch Glaube ein lebendiger Prozess. Das endet nicht mit diesem Buch. Und so wollen wir Mut dazu machen, diesen Prozess aktiv und fröhlich zu gestalten. Wir wünschen uns, dass wir als Christinnen und Christen neugierig bleiben, was wir Neues und anderes vom dreieinen Gott lernen werden, was es zu verlernen gilt, wie wir mit unserer Theologie und Biografie für andere zur Bereicherung werden und umgekehrt. Wir freuen uns, dass wir miteinander auf dieser Reise sind.

Björn Büchert, Katharina Haubold, Jan Schickle

Wenn du Feedback hast, schreibe uns gern an:
bjoern.buechert@ejwue.de, haubold@cvjm-hochschule.de oder janschickle@gmail.com.

Anregungen zur weiteren Selbstreflexion

- Welche Entwicklungen in meinem Glauben entdecke ich im Rückblick?
- Welche Entwicklungen des Glaubens könnten vor mir liegen?
- Wessen Glaube und Theologie präge ich? Bin ich mir dessen bewusst?
- Hat sich durch das TheoLab Workbook etwas bei mir verändert?
- Wonach sehne ich mich?
- Von welcher Person würde ich gern mehr über ihre Biografie/Theologie erfahren?
- Gibt es Glaubensveränderungen, die mir Angst machen?
- Dafür bin ich dankbar:

ANHANG

Björn Büchert | Katharina Haubold | Florian Karcher (Hg.)

THEOLOGIE FÜR NICHTTHEOLOGEN

THEO LAB

Gott. Mensch. Welt.
Jesus. Himmel. Mission.
Geist. Bibel. Kirche.

Je 128 Seiten, 12 x 19 cm, kartoniert,
mit Sketchnotes, mit Downloads

TheoLab macht Theologie alltagsrelevant,
vermittelt theologische Hintergründe
und hilft sprachfähig zu werden. Je drei
große Fragen zu je drei Themen werden
kompakt und gut verständlich von verschiedenen Standpunkten aus beleuchtet.

Als Buch erhältlich   Als E-Book erhä

Die Herausgebenden

Björn Büchert lebt mit seiner Familie in Nufringen. Als Landesreferent beim CVJM-Landesverband Württemberg e. V. entwickelt und erprobt er Formate, um theologische Kompetenz bei Ehrenamtlichen zu stärken. Dort ist er auch auf der Suche nach neuen Formen von CVJM. Seine Leidenschaft für Bücher teilt er über Social Media und im Hotline Magazin unter der Rubrik „Buch.Bücher.Büchert." Außerdem ist er Herausgeber der Buchreihe „TheoLab. Theologie für Nichttheologen". Der Blick ins Feuer ist für ihn begeisternd und beruhigend zugleich, dies ist wohl der Grund, weshalb er in seiner Freizeit Upcycling-Feuerschalen baut.

Katharina Haubold wohnt in Köln und arbeitet im Projekt Beymeister als Gemeindepädagogin und an der CVJM-Hochschule als Referentin für Fresh X. Außerdem ist sie Herausgeberin der Buchreihe „TheoLab. Theologie für Nichttheologen". Sie ist fasziniert von den Spuren Gottes in ihrem Leben und in der Welt und will sich immer wieder auf die Suche nach ihnen machen. Deshalb ist die Entdeckung von Theologie und Biografie für sie immer wieder spannend, ermutigend und herausfordernd.

Jan Schickle lebt im Badnerländle in Wilferdingen. Nach einem Psychologie-Studium und einigen Jahren in der Unternehmensberatung war er acht Jahre lang Hauptamtlicher im CVJM Baden. Jetzt ist er wieder als Unternehmensberater für das Thema Change Management tätig. Außerhalb von Job und Familie liebt er Sport in allen Facetten. Im Einsatz ist er am liebsten an der eigens gebauten Boulderwand in der Scheune oder auf dem Basketball-Court. Ansonsten startet er immer gern neue Projekte und geht am liebsten Wege, die noch niemand gegangen ist – so wie auch die eigene Biografie ein einzigartiger Weg ist.

Die Autorinnen und Autoren

Dirk Farr hat in Schwaben, Marburg und Toronto/Kanada Theologie studiert. Er hat in Berlin Gemeinde gegründet, die er noch immer leitet, und ist bei der Liebenzeller Mission für den Bereich Gemeindegründung verantwortlich. Ehrenamtlich ist er im Vorstand von M4Germany. Er ist leidenschaftlicher Ausbilder und Ermutiger.

Josef John ist Diakon in der Evangelischen Landeskirche in Baden, Musiker, Lobpreisleiter und Gründer des digitalen Projekts „Kirche für die Hosentasche". Durch seine ganze Biografie zieht sich die Kunst und die Musik und verbindet sich mit seiner Leidenschaft für Theologie.

Petra Lampe ist Referentin für Internationale Zusammenarbeit im YMCA Perú, wohnt und arbeitet in Lima, liebt die weltweite Gemeinschaft im CVJM/YMCA und die Begleitung von Menschen auf ihrem persönlichen Glaubens- und Lebensweg mit allen Zweifeln, allem Scheitern und allem Feiern.

Jason Liesendahl hat Öffentliche Theologie, Germanistik und Geschichte studiert. Er schreibt Texte, hält Vorträge und produziert Podcasts mit Schwerpunkt auf z. B. Prozesstheologie, Dekonstruktion, Fundamentalismus und Postevangelikalismus. Hauptberuflich arbeitet er als Lehrer und lebt in Offenbach a. M.

Lena Niekler lebt in der Nähe von Kassel. In ihrer Arbeit an der CVJM-Hochschule und im CVJM-Westbund erprobt sie, wie Innovation und Leadership in Kirche und Jugendarbeit gefördert werden können. „Into the wild" aufzubrechen ist ihre Leidenschaft – im Glauben wie auch beim Wandern.

Dr. Tabea Richardson ist Historikerin und Lektorin und ehrenamtlich in Kirchengemeinde und CVJM tätig. Mit ihrem Mann und den drei Kindern lebt sie im Südschwarzwald.

Göran Schmidt ist Pionier durch und durch. Er fährt mit einem Bulli durch die Welt und baut mit Jugendlichen Baumhäuser. Da ist der Wunsch nach einem Zuhause und gleichzeitig auch nach Aufbruch. Beides lässt sich nicht vereinen – oder doch? Göran Schmidt probiert es. Mobil und doch verwurzelt. Im Aufbruch und Ankommen.

 **Sarah Thys** ist Diakonin, entdeckt gern Potenziale in Menschen und ist begeistert, wenn deren Träume Wirklichkeit werden. Für sie hat Essen etwas Verbindendes. Manchmal ist sie zwischen den vielen interessanten Dingen im Leben etwas lost, aber immer mit vielen Fragen unterwegs.

 **Paulien Wagener** ist Masterstudentin der Ev. Theologie und der Wissenschaft vom christlichen Orient an der Martin-Luther-Universität Halle und unterrichtet nebenbei an der CVJM-Hochschule Ethik und Religionspädagogik. Zuletzt war sie eine von drei Hosts beim Podcast „365 Grad".

 **Tabea Wichern** lebt in Kassel und arbeitet an der CVJM-Hochschule als Referentin für Geistliches Leben und Studierendenbegleitung. Nebenbei macht sie ihren Master in Systemischer Beratung. Sie liebt Zumba, Reisen, Glitzer, Feiern und Gottes Handschrift im Leben von Menschen.

 **Hanns Wolfsberger** ist Ehemann, Vater, Pfarrer, Enthusiast, Grübler und Genießer. Er lebt mit seiner Familie in Tübingen.

TheoLab: Kooperationspartner

CVJM-Hochschule

Die CVJM-Hochschule bildet in verschiedenen Studiengängen und Programmen (junge) Menschen für Aufgaben in der Gemeinde- und Jugendarbeit und der Sozialen Arbeit aus. Alle Studiengänge sind staatlich und kirchlich anerkannt. Wer vor Ort studiert, ist Teil der Lebensgemeinschaft. Daneben gibt es auch verschiedene Fernstudiengänge. Die CVJM-Hochschule versteht sich als Inspirationsquelle für christliche Jugendarbeit und soziales Handeln und erforscht, vernetzt und entwickelt Formate und Konzepte für CVJM, Kirche und Gesellschaft von morgen.

www.cvjm-hochschule.de

CVJM-Landesverband Baden e. V.

Der CVJM-Landesverband Baden e.V. ist der Zusammenschluss von über 70 CVJM-Orts-vereinen in Baden. Von Wertheim im Norden über Mannheim im Nordwesten bis Lörrach im Süden sowie Singen a. H. im Südosten gehören über 7.000 Mitglieder zum CVJM Baden, und er erreicht mehr als 35.000 Menschen. Als Christlicher Verein Junger Men-schen (CVJM) setzen wir uns für Kinder und Jugendliche ein und haben ein breites Ange-bot der Jugend- und Jugendbildungsarbeit. Unsere Schwerpunkte sind in den vier Kernkompetenzen zusammengefasst: „verkündigen – bilden – begleiten – vernetzen". Neben Spaß und Gemeinschaft ist uns vor allem wichtig, den Glauben an Jesus Christus zu stärken, zu vertiefen oder wieder neu zu entdecken.

www.cvjmbaden.de

CVJM-Landesverband Württemberg e. V.

Im CVJM-Landesverband Württemberg e. V. erleben Menschen die begeisternde Kraft Gottes und werden von seiner Liebe in Bewegung gesetzt. Er sieht es als seinen Auftrag, Jesus zu verkündigen, Menschen zu vernetzen, Nachfolge zu fördern und die Ortsvereine zu stärken. Weil Jesus Christus vereint.

www.cvjm-wuerttemberg.de

Ev. Jugendwerk in Württemberg

Das Evangelische Jugendwerk in Württemberg (EJW) koordiniert, fördert und gestaltet die evangelische Jugendarbeit in Württemberg. Sein Ziel ist es, junge Menschen zum Glauben an Jesus Christus einzuladen, ihren Glauben im Alltag zu stärken und sie bei ihrem Engagement für Jugendarbeit und Gesellschaft zu unterstützen. Kurz gesagt: begegnen, begleiten und befähigen. Deshalb unterstützt es Kinder, Konfirmanden, Jugendliche, Familien und Junge Erwachsene über seine sinnstiftenden Arbeitsbereiche, Veranstaltungen, Bildungsangebote und Reisen. Zudem bringt es die einzelnen Jugendwerke vor Ort sowie in den Bezirken voran. Es arbeitet selbstständig im Auftrag der Evangelischen Landeskirche in Württemberg und mit einem großen Netzwerk an Partnern. Es ist ein Mitgliedsverband des CVJM Deutschland.

www.ejwue.de